ならまちの地蔵霊場

十輪院の歴史と信仰

十輪院・元興寺文化財研究所編

ごあいさつ

世界中が新型コロナウィルスや気候変動による未曽有の災禍にある今、私たちは、一人ひとりがどう生きるべきかについて、数百年に一度のレベルでの再考の時宜を得ていると言っても過言ではないと思います。

科学や医療の進歩は、私たちが生きるうえで抱える不安や恐怖を、減らし続けてくれています。そして、その恩恵にいまだあずかることの出来ない部分について、私たちは歴史上、「信仰」という名のもとに、人間を超越した存在を思い描き、畏敬や畏怖の念を抱いて、その力に身をゆだねることで、恐怖を離れ、「生かされる意味」を見出してきました。

この度、公益財団法人元興寺文化財研究所による、当山所蔵文化財の総合調査を通して、主に中世以降の各時代における、「信仰」の形を窺い知ることが出来ました。これを各時代の人々の不安や恐怖、医療や食生活などの生活環境等と重ね合わせ、当時の人々の信仰によって導き出された「生かされる意味」に少しでも共感できれば、今私たちが抱える不安や恐怖を取り除き、前を向いて生きるヒントが得られるのではないかと思います。

喜びを報告されることよりも、苦悩を打ち明けられることの方が圧倒的に多かったはずの地蔵菩薩様が、なぜ微笑みを浮かべておられるのか？　この図録を手に取っていただけましたら、まずはこのような疑問を抱いていただくことをお勧めさせていただきます。

令和三年十月二十三日

十輪院住職　橋本昌大

序　言

奈良市十輪院町に所在する十輪院は、奈良時代に元正天皇勅願により元興寺の一院として創建されたことが伝えられ、鎌倉時代には地蔵信仰の霊場となっていたことが知られます。また江戸時代には弘法大師信仰の霊場としても信仰を集めていました。

これまでも鎌倉時代造立の本堂（国宝）、本尊石仏龕（重要文化財）などの文化財はよく知られ、建築史学・美術史学による研究が蓄積されてきました。一方でこうした主要文化財の個別的な研究を除けば、古文書など圧倒的多数の文化財は把握されていませんでした。

そこで、元興寺文化財研究所では、諸種の文化財を総合的に調査し、寺史や地域の歴史のなかに個々の文化財を位置付けることを目的として、平成27年（2015）から6年間にわたって所蔵文化財の総合的な調査研究を実施しました。この調査では、古文書、経典・聖教類、美術・工芸品、民俗資料など各分野の伝世品を対象とし、他に境内「魚養塚」の発掘調査や石造物の詳細調査も行いました。

本書は、元興寺法輪館で開催する同名の令和3年度秋季特別展の図録を兼ね、これら総合調査の成果を踏まえて、「ならまち」とともに歩んできた十輪院の歴史と信仰を紹介するものです。本書によって、多彩かつ豊富な所蔵資料を中心に十輪院ゆかりの文化財や、その個性ある歴史と、信仰の軌跡について理解を深める一助となれば幸いに存じます。

令和三年十月二十三日

公益財団法人　元興寺文化財研究所所長　田邉征夫

目次

第5章　新生十輪院の誕生

（凡例）

・本書は、元興寺、十輪院、公益財団法人元興寺文化財研究所が主催して令和3年10月23日（土）から11月14日（日）まで真言律宗元興寺法輪館で開催する特別展「ならまちの地蔵霊場　十輪院の歴史と信仰」の図録を兼ねた書籍である。

・本書掲載資料は特別展出陳資料とは必ずしも一致しない。出陳資料以外の参考資料には資料名に＊を付した。

・資料名にある記号は、◎国宝、◉重要文化財、○県指定文化財、□市指定文化財　を表す。

・作品解説は原則として作品名称、員数、材質技法、法量（単位は㎝）、作者、年代、所蔵者の順とした。

・写真撮影は一部を除き元興寺文化財研究所の大久保治が行った。他機関より提供を受けたものは適宜記した。

・本書の編集は元興寺文化財研究所の服部光真、三宅徹誠が行い、執筆は十輪院の橋本昌大、元興寺文化財研究所の植村拓哉、酒井雅規、坂本俊、村田裕介、三宅、服部が分担した。担当者名は文末に（　）で記した。

第1章

十輪院の開創

十輪院の開創伝承

十輪院の始まりについては、元正天皇（在位：715〜724年）勅願で、元興寺《がんごうじ》の一院として開創され、開基は能書家として知られた朝野魚養《あさののなかい》であったと伝えられています。しかし、こうした十輪院の開創伝承は、江戸時代以降の縁起などの文献にしか記されていません。まずは江戸時代の縁起に語られた十輪院の開創伝承を確認してみましょう。

元興寺の一院

現在知られる最も古い縁起は、江戸時代前期、17世紀半ば頃に遡ると考えられる「十輪院縁起」（16ページ）です。この縁起には、十輪院の開創について次のように記されています。

南都十輪院は元興寺の一院なり。弘法大師踰海《ゆかい》以往、この地に游止し、善覚大徳〈世俗に魚養という、墳丘今におよんで旧の如し〉より真名字篇を慣らひおはんぬ

（原文は漢文、読み下し文に改めた）

十輪院が元興寺の一院であったこと、弘法大師空海が唐から帰国の後にこの地にとどまり「善覚大徳」（朝野魚養と同一人物とする）から真名（漢字）などの書道を学んだことなどが記されています。

元興寺は、養老2年（718）、飛鳥にあった法興寺（飛鳥寺）が平城京左京の地に遷されて創建されました。当初の元興寺の寺域は、七堂伽藍の主要域に、花薗院・南院などの子院や付属施設のあった場所を含めれば、南北5町×東西3町におよんでいたと考えられます。十輪院の所在地はまさにこの元興寺の寺域にあたっており、十輪院が元興寺の一院として成立したという伝承はこうした十輪院の立地を踏まえたものと考えられます。

善覚と朝野魚養

さて、この十輪院縁起では、弘法大師が十輪院に滞在して書道を習った人物として、善覚・朝野魚養を挙げています。ここでは両者は同一人物であったと伝えられていますが、それぞれ古代の史料でも確認できる人物です。

善覚大徳については、天平宝字2年（758）書写『増壱阿含経《ぞういちあごんきょう》』（21・22ページ）で「元興寺沙門善覚」が勘経《かんぎょう》（書写したお経の校正作業）を行ったこ

とがみえる実在の人物で、奈良時代の元興寺僧であったことが確認できます。

　一方、魚養は、現在薬師寺などに所蔵されるいわゆる「魚養経」の書写者として知られる能書・官人です。『続日本紀』には、延暦6年（787）に外従五位下に叙位、翌7年に播磨大掾、次いで典楽頭に任官、同10年（791）に忍海原連《おしぬみはらのむらじ》から朝《あさ》野宿祢《のすくね》への改姓などの記事が確認されます（23ページ）。朝野魚養が実在した官人であったことは間違いなさそうです。一方で能書家としても知られたようで、平安時代から鎌倉時代には様々な伝説が語られています。

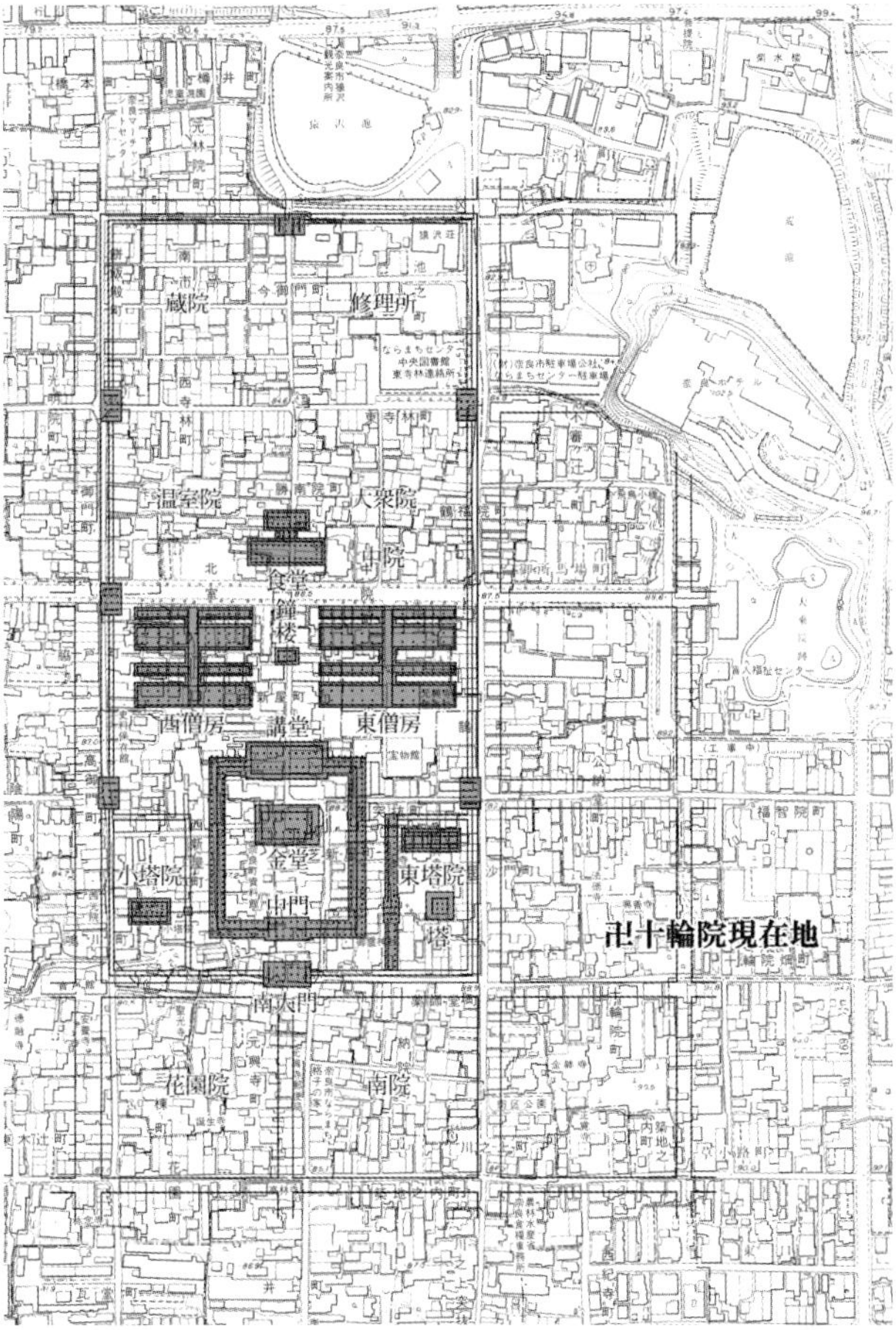

元興寺伽藍配置図と十輪院

　嘉承元年（1106）と保延6年（1140）に元興寺などの七大寺を巡礼した大江親通《おおえのちかみち》の記録記である『七大寺日記』や『七大寺巡礼私記』によれば、元興寺南大門に掛けられていた「元興之寺」の扁額は「葛木魚養」の筆であったといいます（24ページ）。魚養は平安後期までには権威ある書道家として伝えられるような存在となっていたようです。鎌倉時代成立の説話集『宇治拾遺物語《うじしゅういものがたり》』にも、遣唐使の子で、後に能書となり七大寺の額を書いたという魚養の説話が収録されており、書道家として伝説化されていたようです。

善覚や魚養が十輪院に実際に関係していたかは分かりませんが、近世の縁起からは少なくとも、元興寺に関係する人物に結び付けて元興寺の一院としての草創伝承を補強しようとする意図は読み取れます。伝説化していた魚養はともかくとして、善覚のようなあまり知られていない元興寺僧の名がこうした縁起に現れるという点については、何らかの史実や古い伝承を前提としている可能性もあるかもしれません。

弘法大師空海の伝説

この縁起では善覚、魚養、弘法大師の名を出しながらも、開創年代や開基については明確に記していない点は注意されます。江戸時代前期の時点ですでに明確な開基伝承は失われていたと考えられます。

延宝6年（1678）成立の『奈良《なら》名所八重桜《めいしょやえざくら》』でも弘法大師が逗留したことは伝えていますが、開創伝承については記されていません。しかしやがてこうした弘法大師逗留の伝承から、弘法大師を開基とする伝承が生まれています。享保5年（1720）『庁中漫録』でも「十輪院縁起」を引きながらも、弘法大師開基説を紹介しています。

この間、慶安3年（1650）に弘法大師御影堂が成立し（129ページ）、御影供が奈良町の代表的な年中行事の一つとなるなど、17世紀後半から弘法大師信仰が特に盛り上がりをみせています。こうして十輪院が弘法大師信仰の霊場となっていったのと対応して、弘法大師空海が十輪院開基として明確に位置づけられるに至ったということでしょう。

ただし、十輪院における弘法大師伝承は中世に遡るようです。文明2年（1470）6月19日、摂政・関白などをつとめた貴族一条兼良《いちじょうかねよし》が十輪院に参詣し、「大師作る所の石仏等」を拝観したという記録が注目されます（『大乗院寺社雑事記』）。十輪院の石仏龕《せきぶつがん》を弘法大師が造ったという伝承、十輪院における弘法大師信仰が中世に遡ることは確実です。

十輪院縁起の決定版

安永9年（1780）に成立した『南都十輪院記』（17ページ）および『平城十輪院縁起』（18ページ）は、十輪院住持生海の代に帯解寺光鏡《おびとけでらこうきょう》によって著されたもので、十輪院縁起の最も完成した姿を伝えています（174ページ）。

この新しい縁起では、開基を魚養と善覚による二段階で位置付け、弘法大師を本尊造立者とすることで整合性をつけています。

ここでは魚養は吉備真備の子とされています。『宇治拾遺物語』で遣唐使の子とされている伝承を、十輪院周辺の吉備塚《きびづか》、閼伽井庵《あかいあん》などの吉備真備伝承の展開を背景に付会させたためでしょう。また、道昭が登場していることも注目されます。道昭は三蔵法師玄奘の頃に中国に渡り、帰国して後は元興寺の前身法興寺（飛鳥寺）の東南に禅院を創建した僧侶として知られますが、近世奈良町では同じ十輪院町で中世南光院を前身とする金躰寺《こんたいじ》が、元興寺の東南にあることに因んで道昭による開基を伝え、道昭山南光院を名乗っていました。

こうして、開基をめぐって並び立っていた諸説を整合的に解釈し、さらに周辺地域の伝承を取り込んで成立したのがこの安永9年縁起だったのでしょう。基本的にはこの安永9年縁起が十輪院縁起の決定版として定着し、以後まとめられた由緒書の類にも引き継がれました。

古代十輪院の実像

こうした古代十輪院に関わる伝承が、実際にどうであったのかははっきりしません。しかし、十輪院境内では古代元興寺で使用されていた瓦が採集されており（25ページ）、あるいは十輪院の前身となるような元興寺に関わる施設があった可能性は否定できません。

十輪院に伝来した什宝物のなかには、奈良時代に制作されたと考えられる誕生仏立像（26ページ）もあります。この誕生仏立像は仏具などが収められていた木箱から昭和期に見いだされたそうで、十輪院に伝来した仏像の一つといえます。奈良時代の貴重な遺物であることは間違いありませんが、当初から十輪院に結び付けられる可能性が全くないとはいえないものの、十輪院に納められた時期や経緯は分かっていません。

奈良時代のこの場所がどのような性格であったのか、発掘調査では奈良時代に遡る遺構は確認されておらず、明確な文献資料も残されていないので、現段階ではその実態は不明とせざるをえません。

（服部）

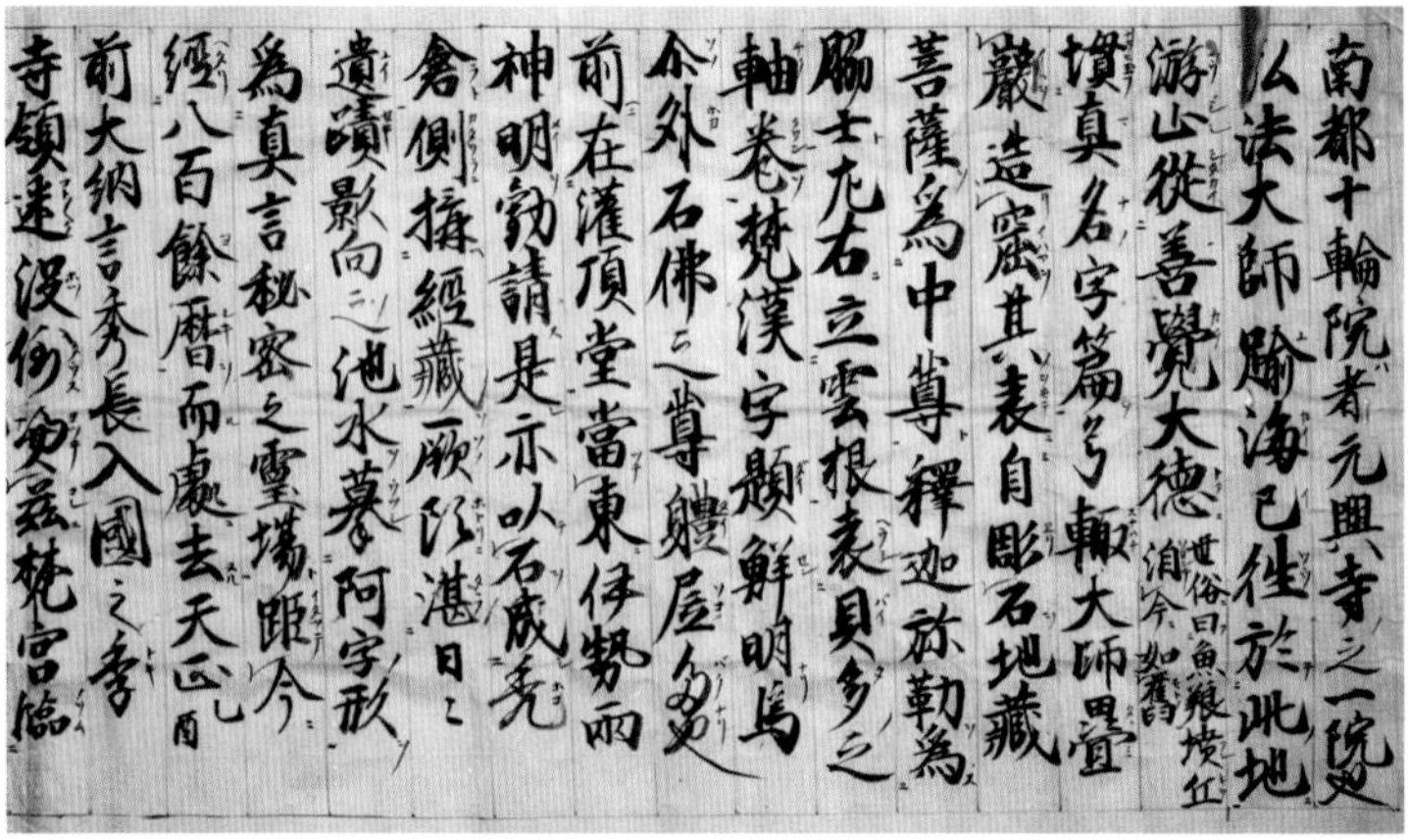

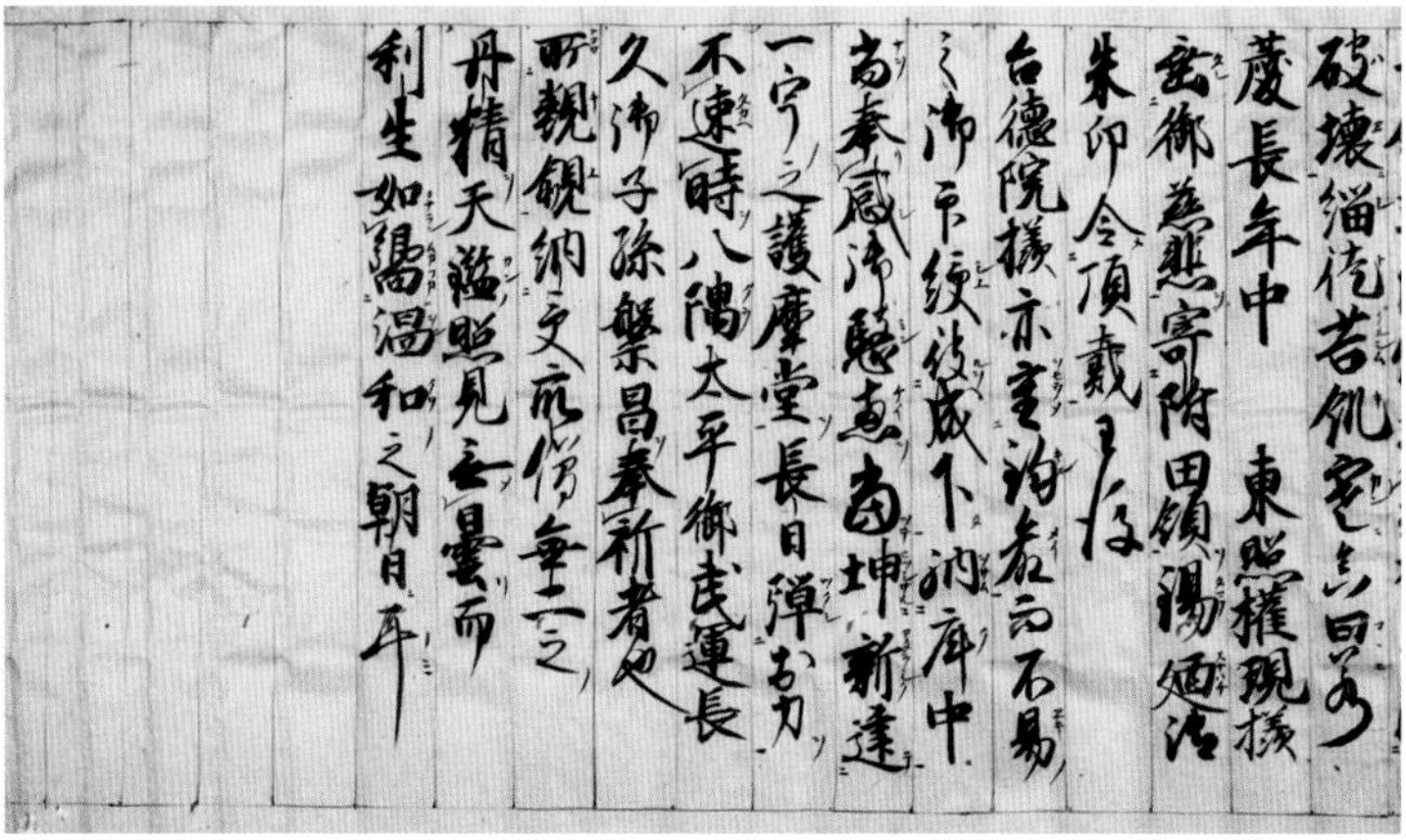

＊十輪院縁起

紙本墨書　1通
江戸時代
十輪院所蔵

十輪院の由緒を記した江戸時代の略縁起である。17世紀半ば頃までには成立していたと考えられ、今日知られている十輪院の縁起としては最も古い。その由緒を元興寺一院に求める点や、空海が逗留し、ここで朝野魚養から字を学び、地蔵石仏を自ら彫刻したとする点などは、以後の縁起にも引き継がれた。地蔵石仏を大師自作とする点は『大乗院寺社雑事記』文明2年6月19日条にもみえ、中世から知られていたことから、先行して伝えられていた由緒があったと考えられる。内容については172ページも参照のこと。（服部）

南都十輪院記
尋夫曩昔　欽明天皇御宇
始自佛法東漸　聖帝賢臣
廣建伽藍弘隆三寶而其全盛
無若南都蓋當院者
元正天皇勅願元興寺子院吉
備右大臣眞備公長男朝野宿
禰魚養之所經始而善覺法師
豎法幢舊刹也厥後弘法大師
卓錫造立石窟本尊地藏菩薩
釋迦文佛彌勒慈尊左右安置
扁名十輪院焉抑伽藍數甍棟
樓鐘門廡輪奐灌頂堂建祕密
壇行業不怠護摩堂安不動尊
爲國泰民安長日修護摩復有
石像之不動堂此尊威靈而至
誠所者除病患得福壽也影堂
安親刻之祖像並置　柳營之
數牌焉側有魚養之古墳冢上
碑文惜哉經千歳文字磨滅矣
經藏四壁有四天王般若十六

（巻頭）

淨之都遊六道之衢度一切有
情刧石有消日願海無盡時也
或無間地獄罪苦八寒八熱苦
患大悲代苦金口誠說誰人疑
乎然則一度參詣斯寺至心祈
二世願念者現世則獲得壽福
增長未來必往生一佛淨土況
乎眞言瑜伽道場盡心瞻礼曼
荼羅石等之輩五逆重罪一時
消滅矣猶亦三密修行悉地成
滿則如高祖大師光明耀十方
即身成佛何其可難耶於是住
僧某甲微余温故作記雖余闇
古寡聞年且老𢞐請彌嚴峻拒
不聽錯綜舊文爲之記云爾
時
安永九年龍飛庚子初冬下浣
平城南帶解寺地藏院金剛
一乘沙門光鏡和南記

（巻尾）

南都十輪院記　1巻

紙本墨書　（第2紙）縦30・4　横48・2
安永9年（1780）
十輪院所蔵

十輪院住持生海の代に、帯解寺光鏡によって作成された。江戸時代の十輪院縁起としては最も整った内容をもつ。先行する由緒書などでは、十輪院の開創をめぐっては混乱も見られたが、元正天皇勅願、元興寺子院で、善覚の住房で、後に弘法大師空海が本尊地蔵石仏龕を造立したと整合的に記している。本堂、魚養塚、興福寺曼荼羅石などの当時の様子についても詳しい。18世紀半ばの生覚による中興を承けて、十輪院の新生を記念するタイミングで編まれた縁起である。

（服部）

平城十輪院縁起

紙本墨書　縦24・7　横16・7　1冊
安永9年（1780）
十輪院所蔵

十輪院住持生海の代に、帯解寺光鏡によって作成された。「南都十輪院記」（17ページ）と内容はほぼ同じだが、仮名交じりの平易な文体に改められている。広く庶民を含む諸階層へと十輪院の由緒を広めることが意図されていたのであろう。「南都十輪院記」と同様に、地蔵石仏龕、不動明王石仏堂、御影堂、護摩堂、魚養塚、愛染曼荼羅石、興福寺曼荼羅石、十三重石塔、鎮守社石祠、経蔵など境内の各霊験所についてまんべんなく記されている。内容については174ページも参照のこと。（服部）

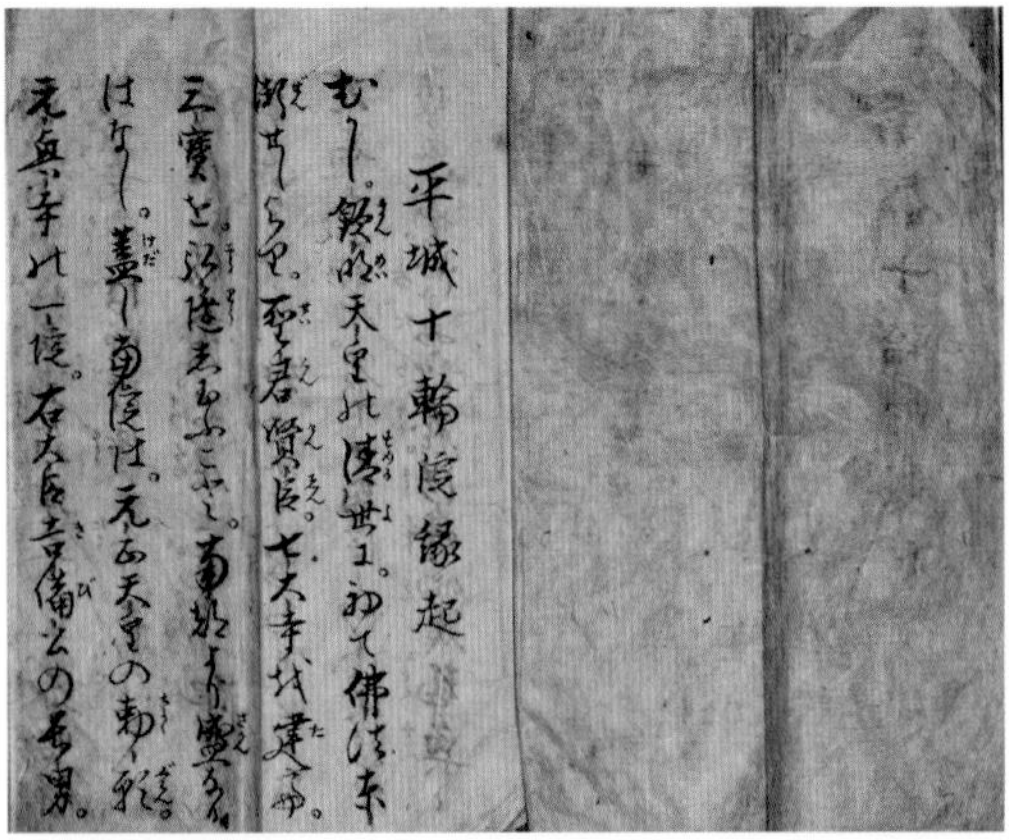

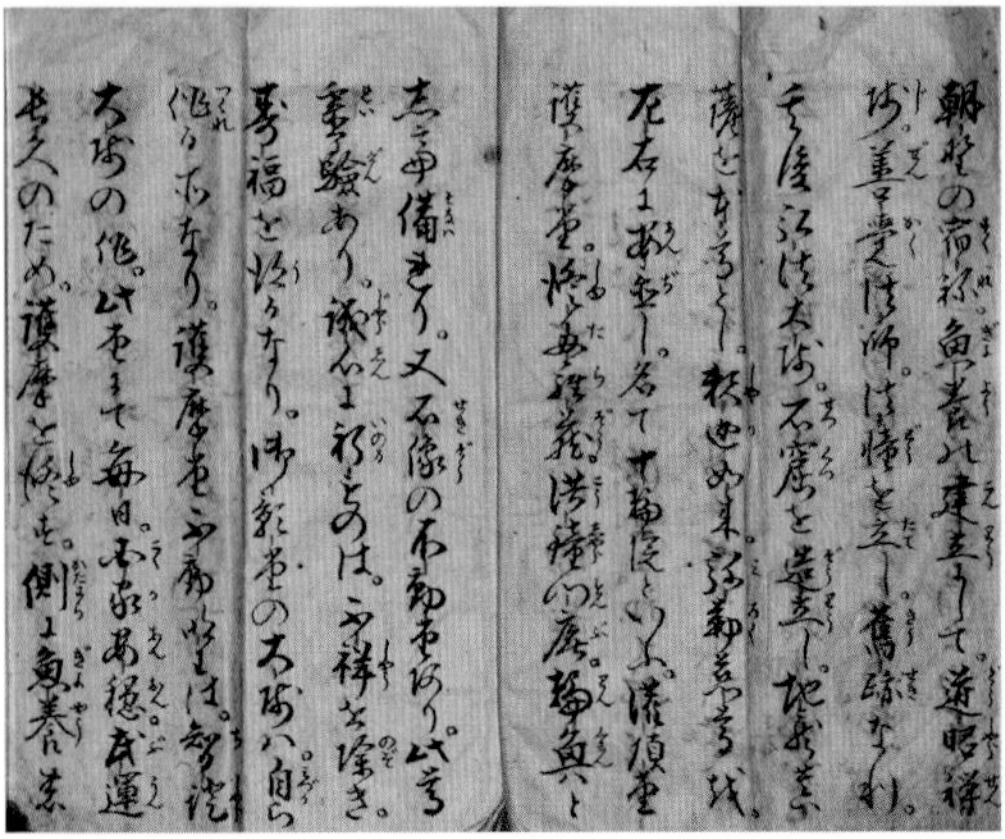

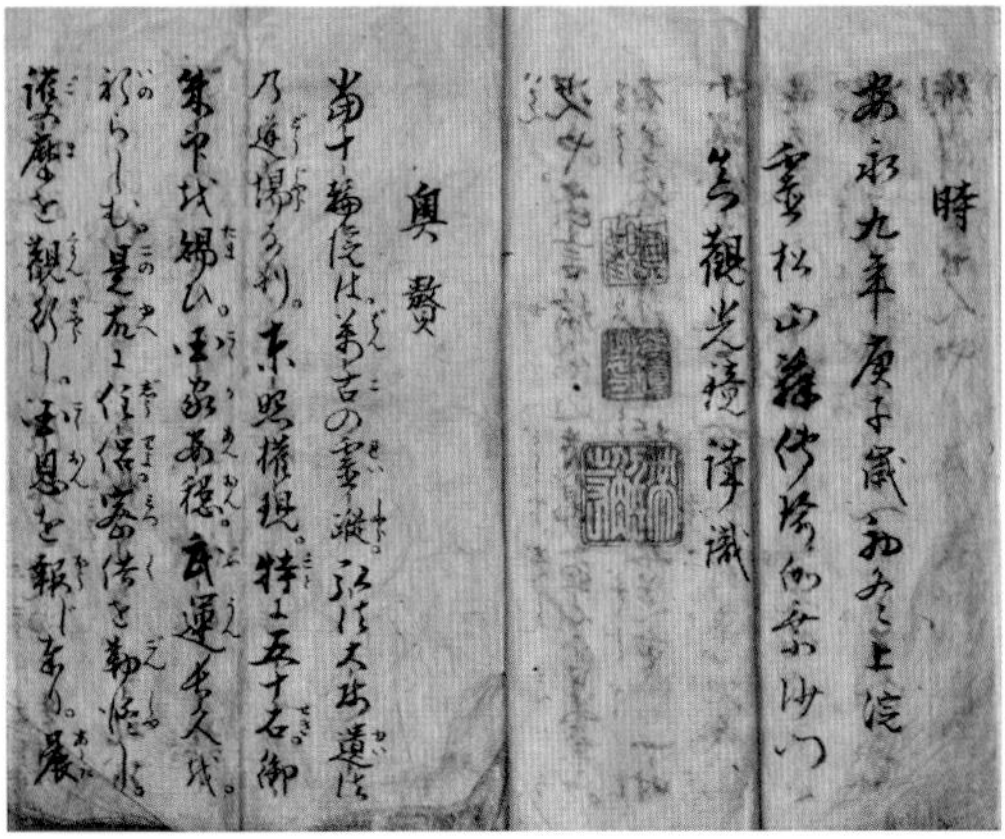

（奥書）

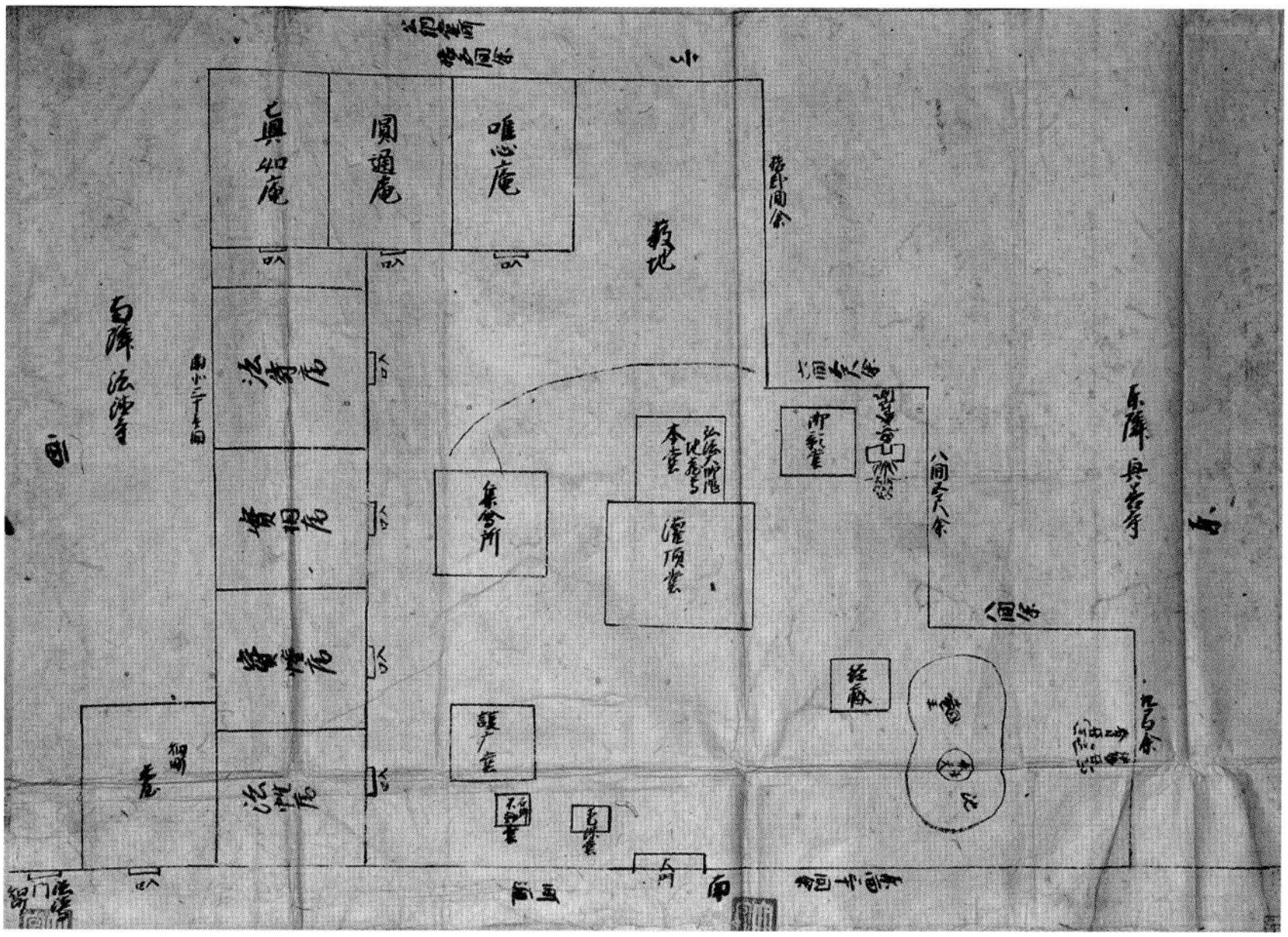

＊十輪院境内絵図　1枚

紙本墨書　縦31・5 横45・7
江戸時代（17～18世紀）
大宮家文書

江戸時代半ば以前の十輪院境内図である。現状、明和4年（1767）奈良奉行所絵図（「御役所絵図」）の裏打ち紙に貼り付けられる。境内の西側と北側に、「集会所《しゅうえしょ》」を取り囲むように法性庵などの7庵が描かれており、享保年間（1716～36）以前の、7庵が寄り合って十輪院の寺家を運営していた時期（94ページ参照）の境内図と考えられる。江戸時代中期の中興以前の状況をうかがうことのできる貴重な絵図である。

（服部）

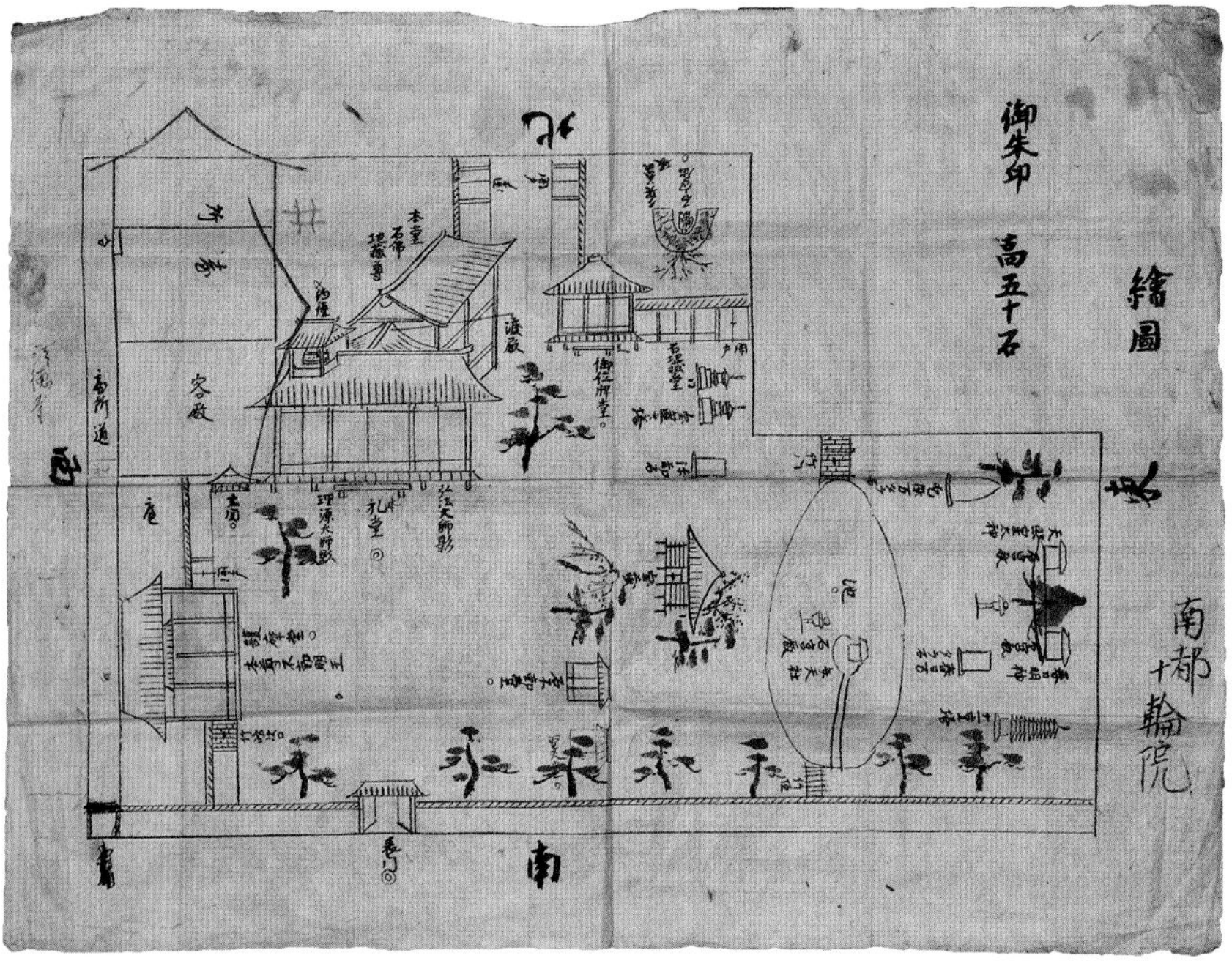

絵図（南都十輪院境内絵図）　1枚
紙本墨書　縦28・7 横37・9
江戸時代（18〜19世紀）
十輪院所蔵

江戸時代後期の十輪院境内図である。本堂（地蔵石仏龕覆屋）、礼堂（現在の国宝本堂）、御位牌堂（御影堂）、護摩堂、客殿・台所などの主要な建物のほか、「春日万タラ石」（興福寺曼荼羅石）、「十一重塔」（十三重石塔）などの石造物、魚養塚《ぎょようづか》などが描かれる。

現在の境内中心部分の寺観が当時すでに確立していたことがうかがえるが、明治時代に東京国立博物館に移された池の畔の宝蔵や、同じく明治時代には消失した境内西側の「台所道」（十輪院辻子）などについてはかつての様子をうかがわせる好史料である。（服部）

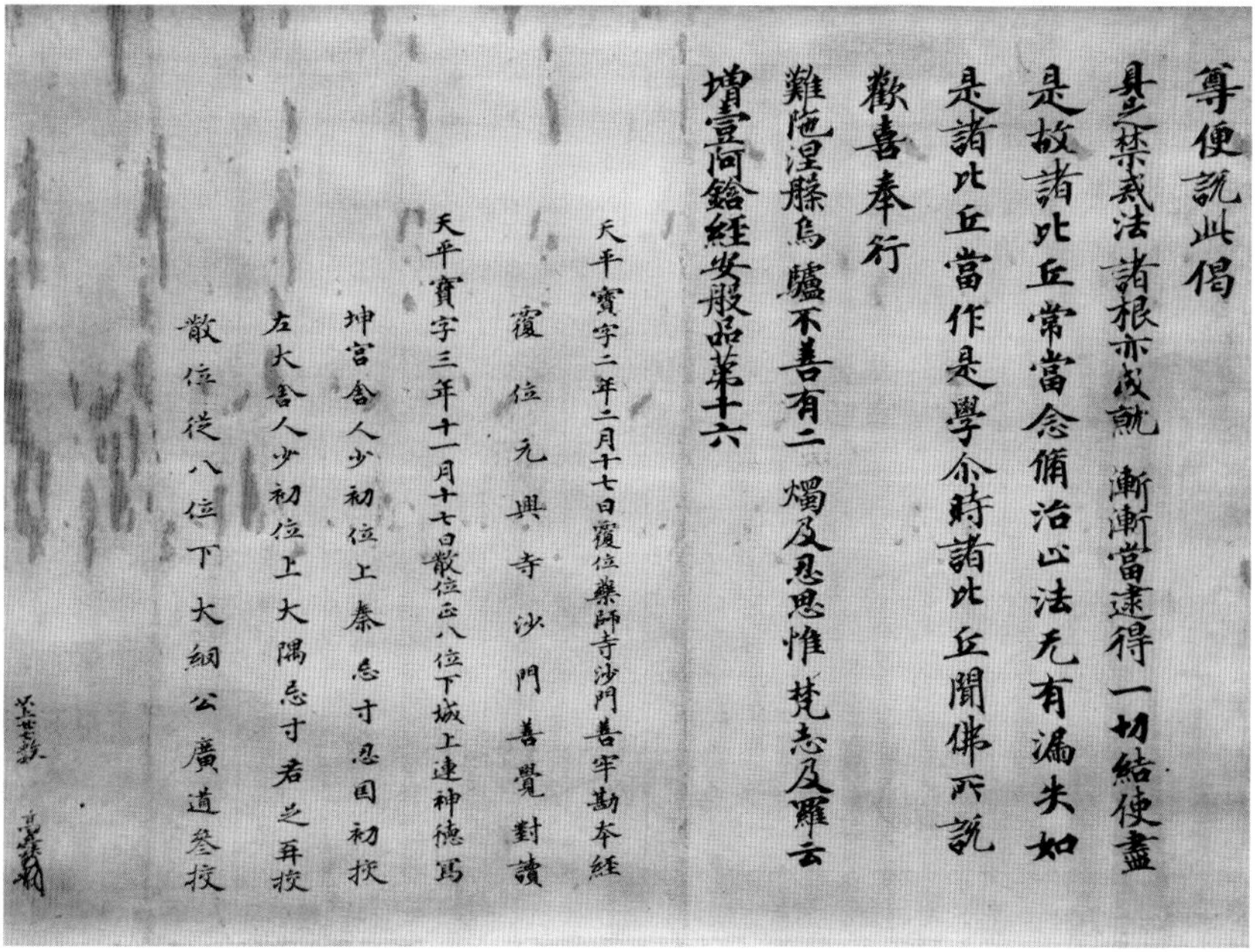
尊便説此偈
具足禁戒法　諸根亦成就　漸漸當遠得　一切結使盡
是故諸比丘　常當念脩治心法无有漏失如
是諸比丘當作是學尒時諸比丘聞佛所説
歡喜奉行
難陁涅槃烏驢不善有二　燭及恩惟　梵志及羅云
增壹阿鋡經安般品第十六
天平寳字二年二月十七日覆位藥師寺沙門善牢勘本経
覆位元興寺沙門善覺對讀
天平寳字三年十一月十七日散位正八位下城上連神徳冩
坤宮舎人少初位上秦忌寸忌国初挍
左大舎人少初位上大隅忌寸君之再挍
散位從八位下大網公廣道叅挍

増壹阿含経　巻第七断簡　1幅
紙本墨書　縦27・3　横36・9
天平宝字3年（759）
唐招提寺所蔵

天平勝宝6年（754）から天平宝字4年（760）頃にかけて、書写された善光朱印経《ぜんこうしゅいんきょう》と称される経巻の1本である。法華寺主善光尼の無廓朱印「善光」が尾題下にあることからその名がある。本経は、本文7行、勘経・書写・校正者の列記、紙数・署名を記した端裏書の3紙の断簡を貼り合わせて軸装している。巻末ではないので善光の朱印は見えない。大陸諸版経と異なり安般品《あんぱんぼん》を第十六と記す点は、五月一日経の同経巻第七と同じである。十輪院の縁起で開基ともされる善覚が、経の読み上げ役として名が挙がっている。（三宅）

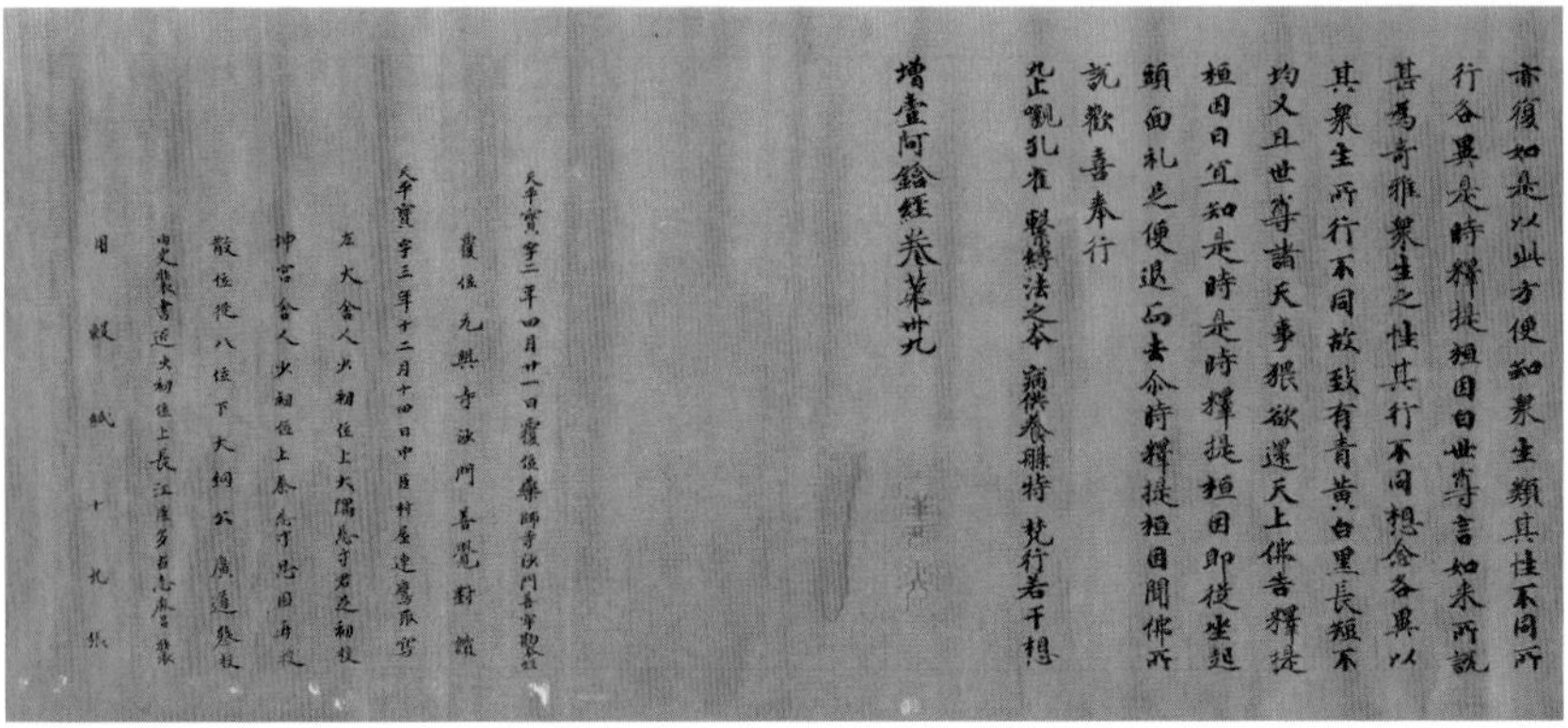
（巻尾）

＊増一阿含経　巻第三十九　1巻

紙本墨書　縦27・7　全長725・5

天平宝字3年（759）

奈良国立博物館所蔵

同経巻第七断簡（21ページ）と同じく善光朱印経の経巻である。尾題下に「善光」の無廓朱印が捺されている。奥書から、天平宝字2年（758）4月に、元興寺善覚が底本とは異なる同経を読み上げて薬師寺善牢《ぜんろう》が底本の経巻を校訂し、翌3年12月に書写され、その後3回校正を経たことが知られる。巻第七断簡と同じく善牢と善覚の2人が勘経役となっている。

（三宅）

写真提供：奈良国立博物館

撮影：森村欣司

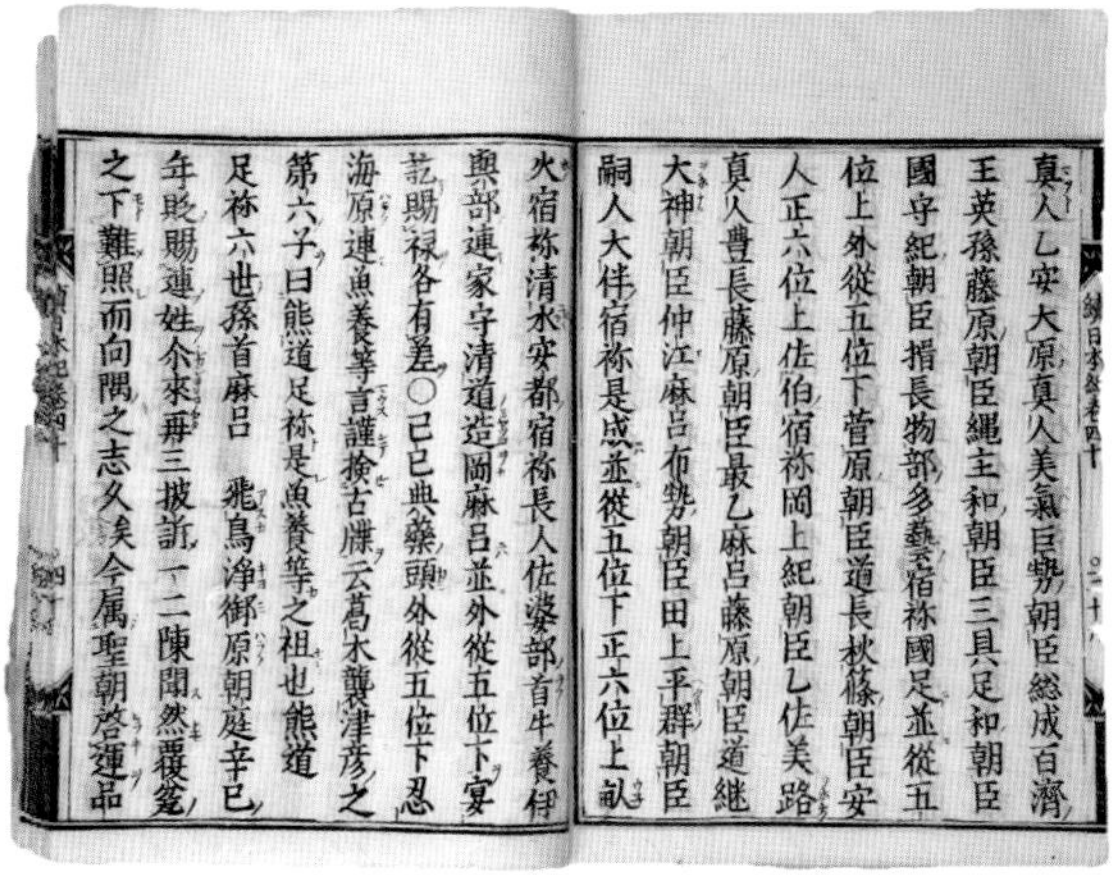

眞人乙安大原眞人美氣巨勢朝臣総成百濟
王英孫藤原朝臣縄主和朝臣三具足和朝臣
國守紀朝臣楫長物部多藝宿祢國足並從五
位上外從五位下菅原朝臣道長秋篠朝臣安
人正六位上佐伯宿祢岡上紀朝臣乙佐美路
眞人豊長藤原朝臣最乙麻呂藤原朝臣道継
大神朝臣仲江麻呂布勢朝臣田上平群朝臣
嗣人大伴宿祢是成並從五位下正六位上馭
火宿祢清水安都宿祢長人佐婆部首牛養伊
輿部連家守清道造岡麻呂並外從五位下宴
訖賜禄各有差○己巳典薬頭外從五位下忍
海原連魚養等言謹撿古牒云葛木襲津彦之
第六子曰熊道足祢是魚養等之祖也熊道
足祢六世孫首麻呂　飛鳥浄御原朝庭辛巳
年貶賜連姓尓來再三披訴一二陳聞然蒙竉
之下難照而向隅之志久矣今属聖朝咨運品

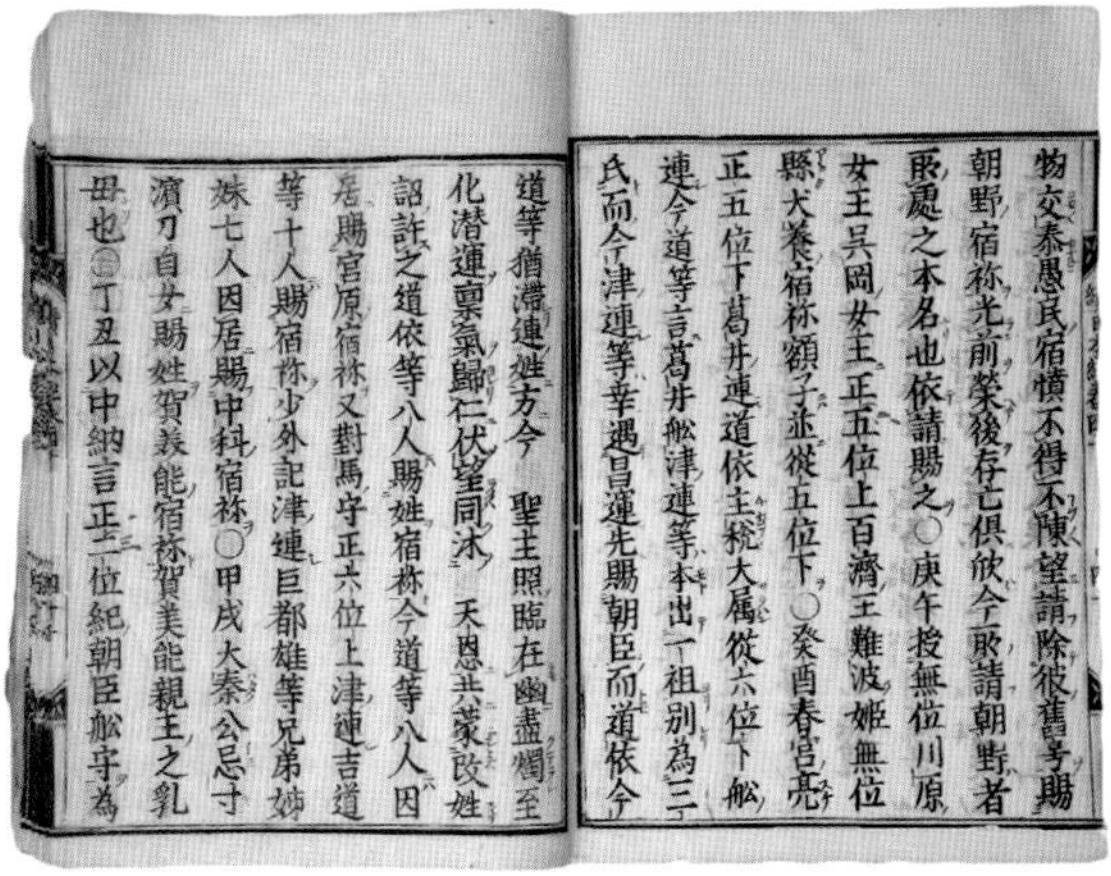

物交泰愚民宿憤不得不陳望請除彼舊号賜
朝野宿祢光前榮後存亡倶欣今所請朝野者
所處之本名也依請賜之○庚午授無位川原
女王呉岡女王正五位上百濟王難波姫無位
縣犬養宿祢額子並從五位下○癸酉春宮亮
正五位下葛井連道依主税大属從六位下船
連今道等言葛井船津連等本出一祖別為三
氏而今津連等幸遇昌運先賜朝臣而道依今
道等猶滯連姓方今　聖主照臨在幽盡燭至
化潜運稟氣歸仁伏望同沐　天恩共蒙改姓
詔許之道依等八人賜姓宿祢今道等八人因
居賜宮原宿祢又對馬守正六位上津連吉道
等十人賜宿祢少外記津連巨都雄等兄弟姉
妹七人因居賜中科宿祢○甲戌大秦公忌寸
濱刀自女賜姓賀美能宿祢賀美能親王之乳
母也○丁丑以中納言正三位紀朝臣船守為

続日本紀　巻三十九・四十　1冊
紙本墨摺　縦25・9　横18・4
明暦3年（1657）
奈良県立図書情報館所蔵

『日本書紀』に次ぐ官撰の歴史書である。十輪院の開基と伝えられる朝野魚養について、叙位任官や賜姓に関わる記述がある。延暦10年（781）には忍海原連《おしぬみはらのむらじ》から朝《あさ》野宿祢《ののすくね》への改姓が認められたことを伝える。この記事によれば、葛《かつら》木襲津彦《ぎのそつひこ》の第六子熊道宿祢《くまじのすくね》を祖先としていたが、天武天皇10年（681）に宿祢から連に落とされていたため改姓を申請し、認められて朝野宿祢の姓を与えられたという。後に伝説化されていくような能書としての事績は不明だが、魚養が官人として実在していたことが確認される。（服部）

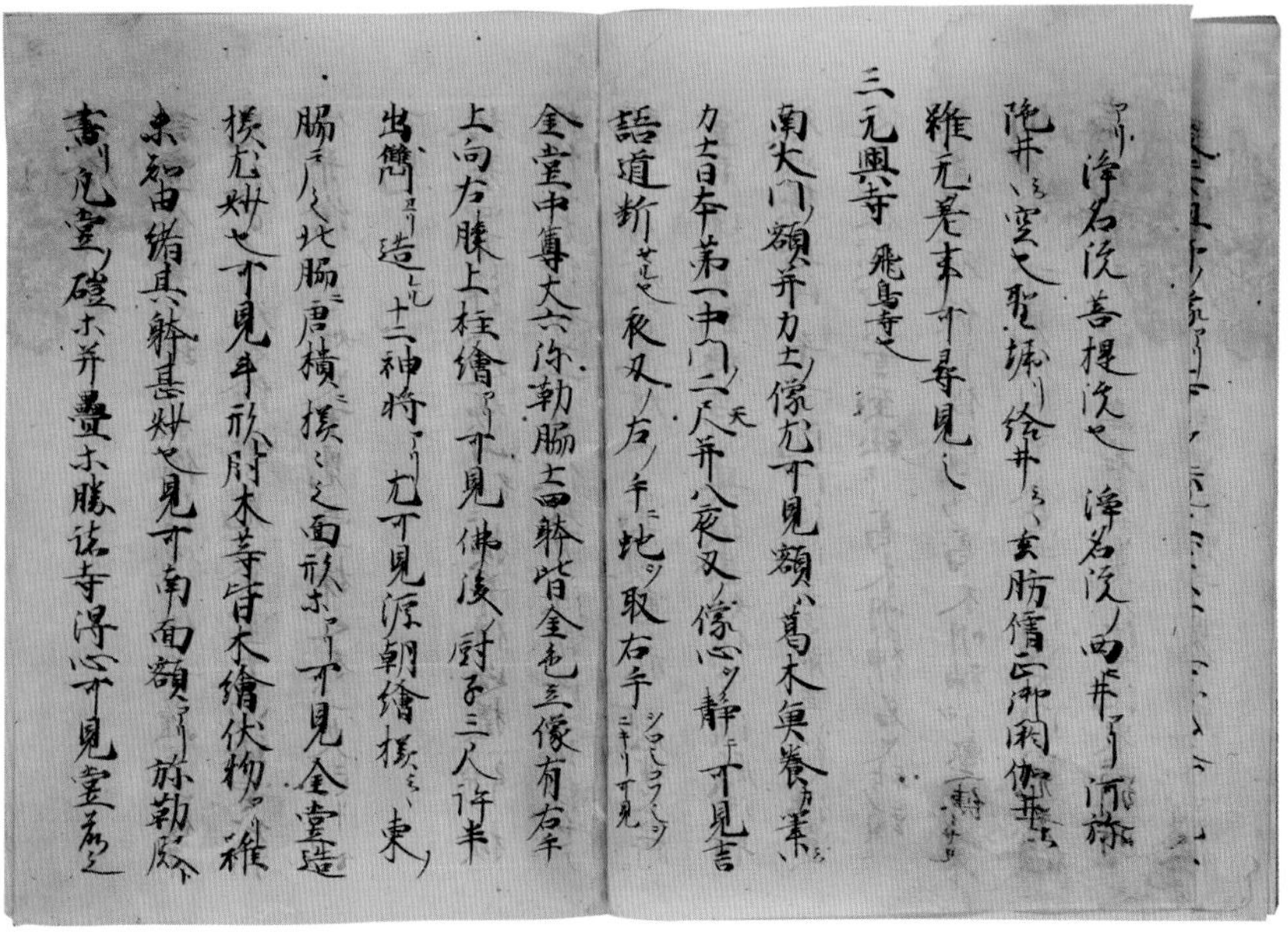

＊◉七大寺日記　1冊

紙本墨書　縦25・8　横18・5
建長7年（1255）
奈良国立博物館所蔵

嘉承元年（1106）の大江親通《おおえのちかみち》による七大寺巡礼の見聞記で、同人による保延6年（1140）の『七大寺巡礼私記』とともに平安時代後期段階の南都各寺院の状況を知りうる貴重な史料である。十輪院についての記述はないが、葛木魚養（朝野魚養）が元興寺南大門の額を書したとしている点は注目される。魚養は後世『宇治拾遺物語』の説話などで伝説化されていくが、平安時代後期段階で元興寺旧境内域界隈にも魚養に関わる伝承があったことを示しており、後の十輪院縁起が成立してくる土壌がうかがえる。

（服部）

写真提供：奈良国立博物館
撮影：佐々木香輔

古代の出土品

瓦製（軒平瓦・瓦当高さ）6・8
奈良〜平安時代
十輪院所蔵

十輪院境内の発掘調査では奈良時代の遺構はみつかっていないが、古代に遡る瓦が採取されている。軒平瓦（写真左前）の瓦当の文様は元興寺で使用された平安時代のものと同じものであり、古くから元興寺との関わりがあった可能性を示している。同じ文様の瓦は法興寺（飛鳥寺）でも出土しており、3ヶ寺のつながりを考えさせる。

平瓦も奈良時代から平安時代にかけて造られた凸面に縄タタキの痕跡をもつのものである。（村田）

□誕生仏立像　1軀

銅造　像高8・1
奈良時代（8世紀）
十輪院所蔵

釈迦はこの世にうまれてすぐに、7歩進んで右手は天を指し、左手で地を指して「天上天下唯我独尊」と発したという。誕生仏はその逸話をもとにあらわされたもので、東アジア仏教圏において多数制作されてきた。

右手先は失われているが、半円を描くように頭上へ手先を挙げていたと考えられる姿、裳や台座などの簡素な表現から、8世紀頃の制作と考えられる。穏やかで愛らしい表情に痩身ながら柔らかみのある肉身表現がみられる優品である。（植村）

第2章

中世都市奈良の地蔵霊場

第1節
地蔵霊場「十輪院」の成立

　文献史料で「十輪院」の名が確認できる早い事例は、『沙石集《しゃせきしゅう》』所収の「仏の鼻を薫ること」（「仏の鼻黒くなしたること」）の段です（38ページ）。この段には、篤い信仰心を持ちながら、自分本位で心が狭い信仰であったために、あらぬ結果を招いてしまった人たちの滑稽な小話がいくつか収められています。

　例えば、自分の造立した仏像にだけお香の煙が行くように、香盤と仏像の鼻を竹筒でつないだ結果、金色だった仏像の鼻が真っ黒になってしまい、その因果で死後鼻の黒い女人に生まれ変わったという尼の話。あるいは、亡くなった母の菩提供養で、導師の西大寺叡尊に「合わせて法界衆生に回向すれば功徳が倍増になる」と勧められて受け入れたものの、「但し、隣に住んでいる三郎検校だけは「法界衆生」から除いてほしい」と言ったという百姓の話などです。

大和有数の地蔵霊場

　十輪院が登場する話も同じような文脈です。大和国のある尼が、矢田寺の地蔵菩薩をとりわけ信仰し、毎日熱心に供養していましたが、そのときに「知足院の地蔵も、十輪院の地蔵も、福智院の地蔵も、まして市井に立っている地蔵には脇目も振りません。私の矢田地蔵大菩薩様、お願いします（「南無や尼が矢田の地蔵大菩薩」）」と唱えていたという話です。『沙石集』では、こうした人たちを、一心不乱に一つの修行に励む「一向専修」の考え方をはき違えた風潮だと批判しています。鎌倉時代の仏教の思想状況が反映された説話です。

　この話では、十輪院はこの尼が厚く信仰していた矢田寺の引き立て役のようなかたちで登場しているにすぎませんが、わざわざこうして引き合いに出されているということは、十輪院の地蔵菩薩が矢田寺の地蔵菩薩と並ぶ霊験仏として当時すでによく知られていたことを示しています。東大寺知足院、福智院も中世からの有数の地蔵霊場です。十輪院はこれらの諸寺とともに鎌倉期には南都における地蔵菩薩の霊場としてすでによく知られるに至っていたようです。

都市霊場「十輪院」の成立過程

　それでも、十輪院に関わる鎌倉時

代以前の文献史料は多くありません。『沙石集』のほかには、江戸時代の奈良町の地誌『奈良《なら》坊目拙解《ぼうもくせっかい》』に収録された、元徳3年（1331）2月「元興寺中門堂懸板《かけいた》」に見える程度です（39ページ）。この史料には、元徳3年、元興寺が買い取った家地の在所として「元興寺東郷十輪院之間」とあり、鎌倉時代末期の段階で元興寺東方の現在地に十輪院が所在していたことが文献史料でも裏付けられ、家地の在所を表示する際に表れるような元興寺東側地域のランドマーク的な存在にもなっていたらしいことがうかがえます。

『沙石集』をはじめとするこうした史料によって十輪院が鎌倉期には地蔵信仰の都市霊場としてすでに成立していたことは辛うじて分かりますが、その成立過程については文献史料を欠き、明らかにすることができません。

しかしこれまでもよく知られてきた平安後期から鎌倉期にかけての境内石造物や建造物の存在は、中世十輪院の都市霊場としてのあり方を示すものであることはいうまでもありません。今回の調査成果（元興寺文化財研究所2021）を踏まえて、改めて都市霊場としての十輪院の成立史を検討しましょう。

魚養塚の築造と納骨施設

昭和50年（1975）、魚養塚《ぎょようづか》のすぐ西側、御影堂のすぐ近くの地中から、12世紀第3四半期の常滑焼大《おお》甕《がめ》（32ページ）が発見されました。この大甕の内部には骨灰と土が詰められ、周囲にも骨灰が散乱していたことから、蔵骨器として転用されて埋納されたものとみられています。骨は複数人のもので、集団の納骨施設があったと考えられます。

これについて、西山要一氏は、十輪院、またはそれに先行する堂が創建され、この付近に勢力を伸張してきた興福寺・藤原氏関係者の墓所が設けられたものと推定しています（西山1982）。また、佐藤亜聖氏は、十輪院が地蔵・十王信仰に基づく供養空間として、平安時代の後期から中世都市奈良における納骨の場となっていた可能性を指摘しています（佐藤2007）。

魚養塚の発掘調査の結果、この常滑焼大甕とほぼ同時期の12世紀後半から13世紀前半には塚が存在していた可能性が高まりました（第3章第2節）。佐藤亜聖氏の検討によれば、この納骨施設に伴う礼拝・結縁の対象（本尊）が、当初は地蔵石仏龕ではなく、仏塔に見立てられた塚としての魚養塚であった可能性があると述べています。魚養塚が当時から朝野魚養を供養する塚として認識されていたかは分かりませんが、何らかの塚が築造され、納骨施設に伴う礼拝の対象とされていた可能性があります。第1章で述べた通り、朝野魚養は平安時代後期には元興寺南大門の扁額を書した人物として伝えられており、鎌倉時代には『宇《う》治《じ》拾《しゅう》遺《い》物《もの》語《がたり》』などで能書として伝説化していました。当時から魚養の塚として信仰されていた可能性はなしとしません。魚養塚は平安時代末期から鎌倉時代初頭より、本尊地蔵石仏龕と並ぶ十輪院の信仰の核であったと考えられるのです。

地蔵石仏龕と中世の石造物・建造物

地蔵石仏龕については、鎌倉時代前期に中尊地蔵石仏がまず露仏の状態で造立され、その後13世紀のうちに石龕が付加されたとみられることが明らかにされています（第2章第3節）。『沙石集』に、南都有数の地蔵霊場として挙げられたのはまさにこの時期です。

ただし、現状の地蔵石仏龕の石材は一様ではなく、複数の石龕を組み合わせたものではないかと考えられています。境内に散在する鎌倉時代の線刻石造物や半肉彫り石仏、五輪塔板碑、阿弥陀来迎石や線刻宝塔、魚養塚の種子石、あるいは経蔵（東京国立博物館所蔵の旧十輪院宝蔵）の線刻版石などは、当初の石仏龕や石仏龕に関連して制作された別の複合的な宗教施設に関わる部材であった可能性もあると考えられます。

こうした鎌倉時代前・中期における地蔵石仏龕の確立と軌を一にして、その礼堂として成立したと考えられている現存本堂（34ページ）、同じく現存する南門（33ページ）、経蔵（旧十輪院宝蔵、47ページ）も造立されたとみられます。また、境内には多くの石造物が造立されました。興福寺曼荼羅石（56ページ）、愛染曼荼羅石（58ページ）などは、同じ鎌倉時代前期に造立されました。

このように、鎌倉時代前・中期の十輪院では、石仏龕、そしてそれと密接に関わる様々な石造物が造立されていました。他にも十三重石塔（55ページ）、阿弥陀来迎石（59ページ）、菩薩立像石仏（合掌観音像、60ページ）、不動明王石仏（61ページ）なども鎌倉時代のうちに造立されており、石造物先進地である奈良においても極めて特殊な「石の霊場」となっていったのです。

以上をまとめると、12世紀末における魚養塚・納骨施設の成立後、13世紀初頭の地蔵菩薩中尊の造立、そしてあまり年代を隔てず石龕の設置と、十輪院の供養空間は段階的に成立してきたと考えられます。当初は、魚養塚・納骨施設が信仰の核であり、後から成立した石龕も、複数造立されて現状とは異なる形式であったとみられます。

ただし、十輪院という『大乗大集地蔵十輪経』に由来するその名が示す通り、鎌倉時代前期に石仏龕中尊の地蔵菩薩立像が造立されて以降は地蔵菩薩信仰の霊場としての性格を強めていったと考えられます。『沙石集』など文献史料でその名が現れる鎌倉時代中・後期までには、南都における有数の地蔵霊場としての地位を確立していたようです。

中世都市奈良と十輪院

十輪院で納骨施設を核とする供養空間が最初に成立していった12世紀後半は、まさに平安時代後期から形成されていった中世都市奈良の揺籃《ようらん》期《き》にあたります。

この時期、元興寺極楽坊では念仏講衆による智光曼荼羅への信仰が高まり浄土霊場となり、続く鎌倉時代にかけて、福智院で地蔵菩薩坐像が造立されるなど、近隣寺院でも都市奈良における浄土信仰、地蔵信仰に基づく供養空間が形成されていきました。

十輪院もまさにこの都市奈良の形成の動きに随伴して、その都市住人の供養空間たる納骨霊場、そして地蔵霊場として、平安後期から鎌倉初期にかけて段階的に寺容を整えていったものとみることができます。つまり、中世十輪院の成立は中世都市奈良の形成と密接不可分であったといえるのです。

こうした十輪院の中世的確立を進めていった主体は明確ではありませんが、元興寺極楽坊の念仏講衆が都市奈良の住人でも当初は興福寺などの僧侶らを主体としていたとみられることを想起すれば、西山要一氏も指摘したように、興福寺につらなる勢力の影響が大きかったと考えられます。類例のない興福寺曼荼羅石の存在や、魚養塚の石碑「魚養君塚上碑文」(86ジ ペ ー)に唯識学系の経文が記されているところにもそうした特徴が表れているといえます。(服部)

常滑焼大甕　　1点
陶製　高さ56・5　口径38・7
平安時代（12世紀後半）
十輪院所蔵

昭和51年（1976）に御影堂と魚養塚の間の地表下約50㎝場所から発見された常滑焼の大甕である。大甕は断面U字型の土坑に埋設されており、甕内部には大量の骨灰（火葬骨）と土が混入していた。火葬骨に関しては甕の大きさから個人ではなく複数人の骨が納められていた可能性が高く、この大甕は納骨容器で、出土した魚養塚のすぐ西側には納骨施設が設けられていたことを示唆している。十輪院境内は平安末期には供養空間となっており、納骨信仰が展開していたとみられる。（坂本）

＊◉南門　1棟

木造 四脚門 切妻造 本瓦葺
鎌倉時代（13世紀）
十輪院所蔵

十輪院の表門であり、境内の南に開く。定法通りに建てられた四脚門であるが、添え柱がやや内傾する四方転びの形状であることや屋根に垂木を持たない板軒など珍しい方法も採られている。頭貫で柱通しをつなぐが、木鼻は無い。また虹梁上に置かれた板蟇股《かえるまた》は鎌倉時代に通有の形態をとり、本堂の本蟇股とは異なるどっしりとした雰囲気を持ち、全体に簡素な装飾である。

蟇股や天井の様式から、本堂とはほぼ同時期の建築であると考えられている。

（村田）

＊◎本堂　1棟

木造 桁行5間 梁行4間
寄棟造 本瓦葺
鎌倉時代（13世紀）
十輪院所蔵

境内の中心に位置し、南門の正面北側に南向きに建てられる。本来は石仏龕を拝むための礼堂と考えられ、室町時代には「礼堂」、江戸時代には「灌頂堂」とも呼ばれていた。

建物は全体に高さが低く、屋根は垂木を持たず板で軒を支える板軒とし、組物も三斗組みと簡素な造りとなっており、木鼻や蟇股《かえるまた》に意匠が施されている程度である。木鼻には大《だい》仏様《ぶつよう》の影響がみられる形態をとり、元興寺極楽堂と共通した特徴を示す。広縁に見られる本蟇股は鎌倉時代の代表例に挙げられることもある優品である。（村田）

本堂 1/50 模型（制作：服部和美）

（蟇股）

＊◉不動明王および二童子立像　3軀

木造　彫眼　彩色
像高（不動）98・0
（矜羯羅）45・3　（制吒迦）46・0
平安時代（12世紀）
十輪院所蔵

不動明王像は、いわゆる不動十九観による面貌をあらわす。忿怒相ながら穏やかな面貌表現や体軀の肉付きを示す。矜羯羅《こんがら》・制吒迦《せいたか》の二童子も痩身で軽やかな動きをみせ、いくぶん写実味を加えた表現を示しており、平安時代末から鎌倉時代初期頃に制作されたものと考えられる。

当院に伝来する近世の縁起類によると、「智証大師御作」として信仰されてきたことが分かる。黄不動感得譚で知られる円珍に仮託し、その霊験性の付与が期待されたのであろう。（植村）

不動明王

制吒迦童子

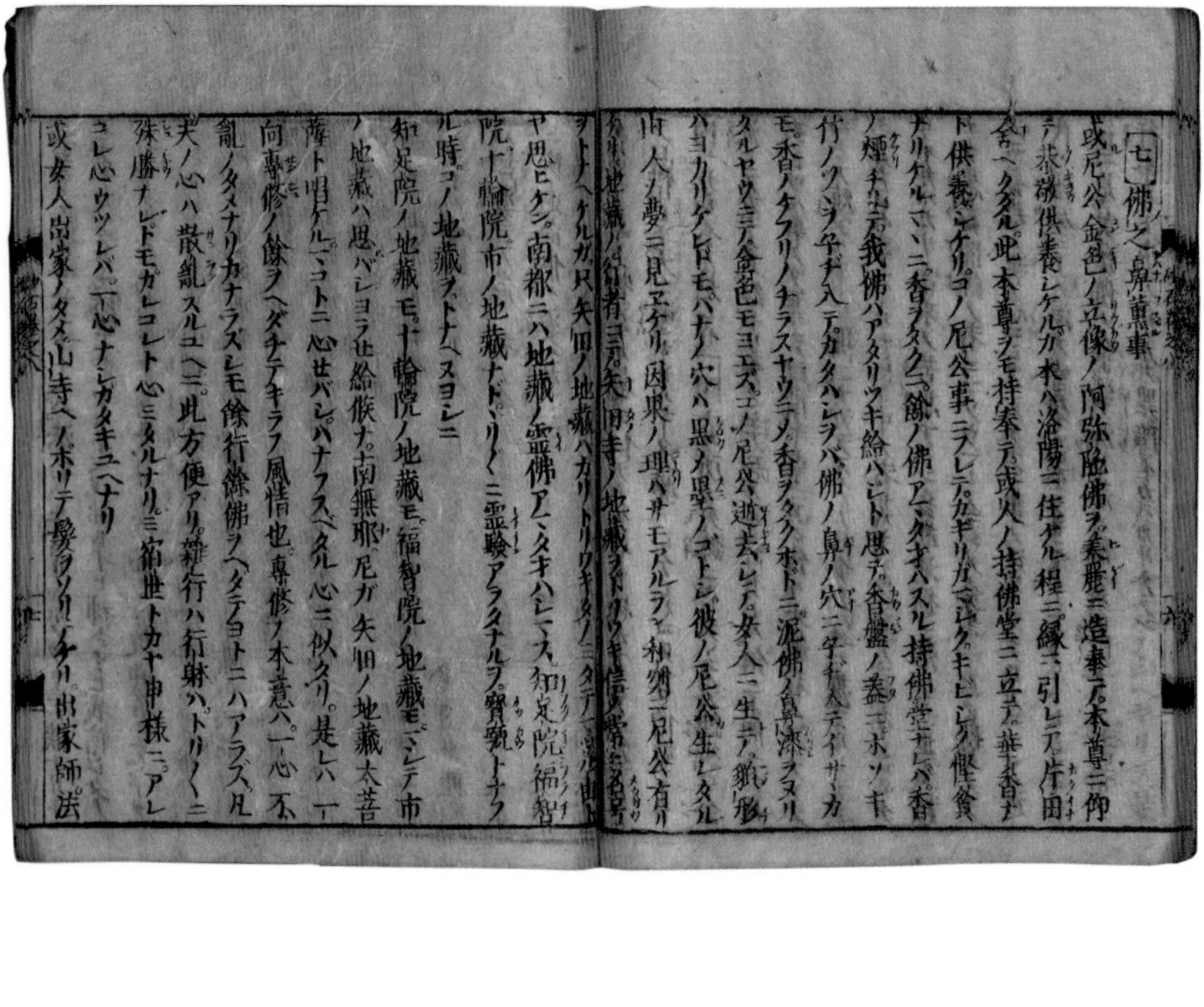

沙石集　下　1冊

紙本墨摺　縦26・1　横17・3
正保4年（1647）
奈良県立図書情報館所蔵

無住道暁《むじゅうどうぎょう》により編纂された仏教説話集で、弘安6年（1283）に成立した。「仏の鼻を薫ること」の段に、地蔵霊場の一つとして十輪院が登場している。この説話は、矢田寺の地蔵菩薩を篤く信仰していた大和国のある尼が、「知足院の地蔵も、十輪院の地蔵も、福智院の地蔵も、まして市の地蔵は思ひばしよらせ給ひ候ふな。南無や尼が矢田の地蔵大菩薩」と熱心に毎日唱えていたという話で、十輪院の地蔵が矢田寺の地蔵の引き合いに出されるほど、大和有数の霊験仏として知られていたことが分かる。鎌倉時代の十輪院に関する数少ない文献の一つである。

（服部）

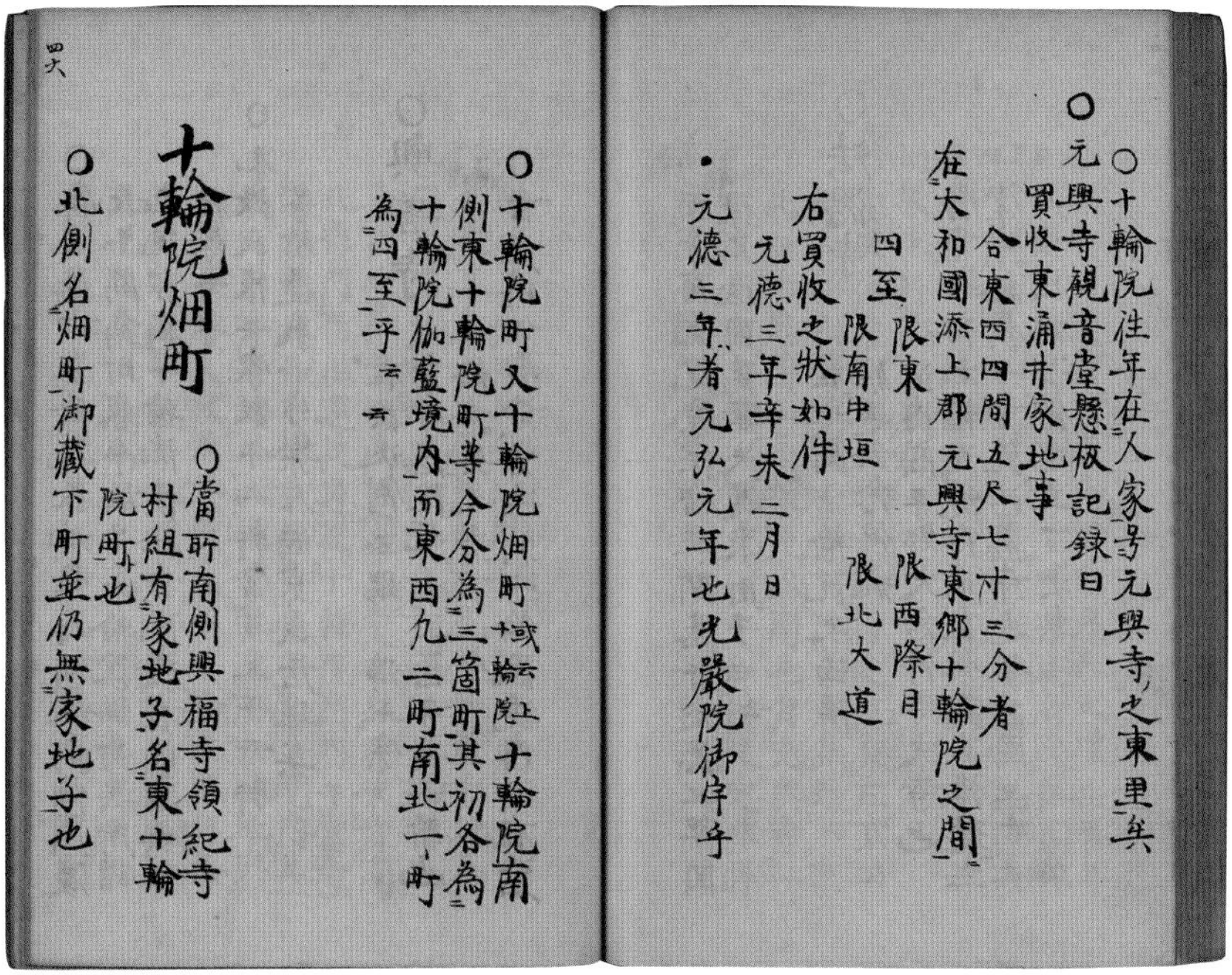
○十輪院往年在人家号元興寺之東里矣
〇元興寺観音堂懸板記録曰
買收東涌井家地事
合東西四間五尺七寸三分者
在大和國添上郡元興寺東郷十輪院之間
四至　限東　限西際目
限南中垣　限北大道
右買收之状如件
元徳三年辛未二月日
・元徳三年者元弘元年也光厳院御宇乎

四六
○十輪院町又十輪院畑町或云輪院上十輪院南側東十輪院町等今分為三箇町其初各為十輪院伽藍境内而東西九二町南北一町為四至乎云云
十輪院畑町
○當町南側興福寺領紀寺村組有家地子名東十輪院町也
○北側名畑町御蔵下町並仍無家地子也

『奈良坊目拙解』巻六所引
元興寺中門堂懸板銘写　1冊
紙本墨書　縦23・9　横16・4
江戸時代（18～19世紀）
奈良県立図書情報館所蔵

村井古道《むらいこどう》によって著された奈良町に関する地誌の写本である。本史料には、元興寺観音堂に掛けられていた鎌倉時代の木札の銘文が複数写されている。木札の原物は失われているが、霊験仏として名高かった元興寺中門観音の信仰の社会的基盤を知りうる史料である。この一つに、元徳3年（1331）の「東涌井」（東桶井カ）の家地売券があり、その家地の在所として「元興寺東郷十輪院の間」とみえる。家地の場所を示す目印として十輪院が登場しているように、当時すでに元興寺の東方の主要施設として十輪院があったことをよく示している。鎌倉時代に遡る十輪院に関わる数少ない文献史料の一つである。（服部）

地蔵菩薩立像

木造　彫眼　古色　像高25・8
鎌倉時代（13〜14世紀）
十輪院所蔵

1軀

左手に宝珠をのせ、右手は錫杖を執らずに自然に垂下させる石仏龕地蔵菩薩像と近い像容をあらわす。衣文をほとんどあらわさない簡素な造りで一木から彫りだされる。千体仏（42ページ）同様に、庶民信仰のひとつのかたちとして、小品の地蔵菩薩が奉納されたとする指摘がある。

当初は簡素な彩色が施されていたか、あるいは素地仕上げであったと考えられる。

（植村）

厨子入り地蔵菩薩立像　1軀
木造　玉眼　彩色　像高18・3
鎌倉時代（14世紀）
十輪院所蔵

左手に宝珠、右手に錫杖をとり、雲座に立ついわゆる春日地蔵の姿であらわされる。小像ながら細部まで丁寧に制作された優作である。台座との接合は、両かかと辺りに挿し込まれた丸枘による点も注目される。なお、厨子や光背、雲座などは後補であり、当初から春日明神の本地としての地蔵として制作されたかは不明だが、所蔵絵画のうちには、正徳5年（1715）開眼銘のある春日地蔵も伝来する。

十輪院の地蔵信仰と併せて、近隣の春日地蔵信仰が加えられる点は興味深い。（植村）

千体地蔵および両頭愛染明王坐像

（地蔵）7軀　（愛染）1軀

木造　彫眼　彩色
（地蔵）像高（最大）12・9　鎌倉〜江戸時代（13〜18世紀）
（愛染）像高4・4　鎌倉時代（13世紀）
十輪院所蔵

現状、木片の上に据え付けられた地蔵菩薩立像7軀と両頭愛染明王像1軀。地蔵菩薩像は2種に分けられ、小像のほうが古様で、衣文は簡略的にあらわし、像高も同程度であることから、近い時期に奉納されたものと考えられる。もう1種は衣文を刻み法量にも違いがあり、異なる時期にそれぞれ納められたのであろう。

両頭愛染明王像は、左に不動、右に愛染明王の頭部をあらわし、両者を一体とみる珍しい像容となる。小品で破損著しいものの丁寧な彫技がみてとれ、引き締まった体軀の表現と併せて鎌倉時代に制作されたものと考えられる。寺伝によれば、この両頭愛染明王像は本尊地蔵菩薩像の前方敷石より見出されたという。

（植村）

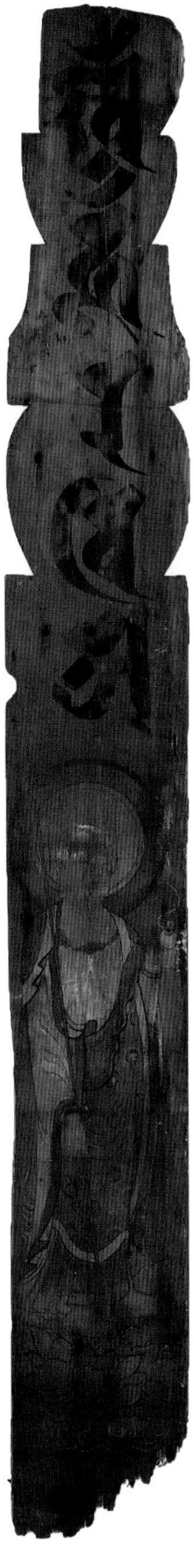

絵塔婆　地蔵菩薩立像　1面
板絵淡彩
全長（現状）154・0　幅19・0　厚1・0
江戸時代（17〜18世紀）
十輪院所蔵

絵塔婆は年忌法要などの折に追善供養を目的に制作されるもので、上部を五輪塔形にかたどった板に五輪種子を記し、下方には十三仏のうちの忌日本尊をあらわす。地蔵菩薩があらわされることから閻魔王の審判を受ける五七日《ごしちにち》本尊と分かる。同種のものは、真言律宗元興寺をはじめ、福智院や金躰寺、伝香寺など近隣の寺院でも見出され、本堂の部材に転用されるなどして今に伝わっている。

雲上の踏み割り蓮華に乗り、柄の長い錫杖を執るすがたはいわゆる春日地蔵の図容と共通する。

（植村）

（拓影反転）

地蔵菩薩像版木　1枚

木製　縦24・6　横11・6　厚2・2
江戸時代
十輪院所蔵

右手に錫杖、左手に宝珠を持ち胸の前に掲げ、雲に乗る地蔵菩薩像を描く。左上に「感夢現身（感じて夢に身を現す）」と刻まれており、影向《ようごう》している様子を表しているとみられる。

表面右側に難読な印章を六つ彫り、それに「ナムアミタフツ」と仮名を付している。版木裏面には「広阿所持」と記され、その右側に別筆で「十輪院什物」とある。以上から浄土教関連の僧侶からの寄進という可能性も考えられる。（三宅）

五劫思惟阿弥陀如来像　1軀
木造　彫眼　漆箔　像高41・1
寛文11年（1671）
十輪院所蔵

『無量寿経』を典拠として、五劫《ごこう》（はかりしれない長さ）のあいだ衆生を救う術を思惟《しゆい》し、ついに成道したすがたをあらわす。時の経過を長く伸びた螺髪によって表現している。

本像は、東大寺大勧進である俊乗房重源が中国・宋より請来したという伝承をもつ東大寺勧進所阿弥陀堂像（鎌倉時代）を模刻したもので、法量が小さく彫眼とする点は異なるが、姿かたちはもとより、螺髪部にのこる朱や両膝頭の特徴的な楕円形の衣文なども細かに写している。

脚部裏には「寛文拾一年七月十五日」の墨書があり、この頃の制作と考えられる。（植村）

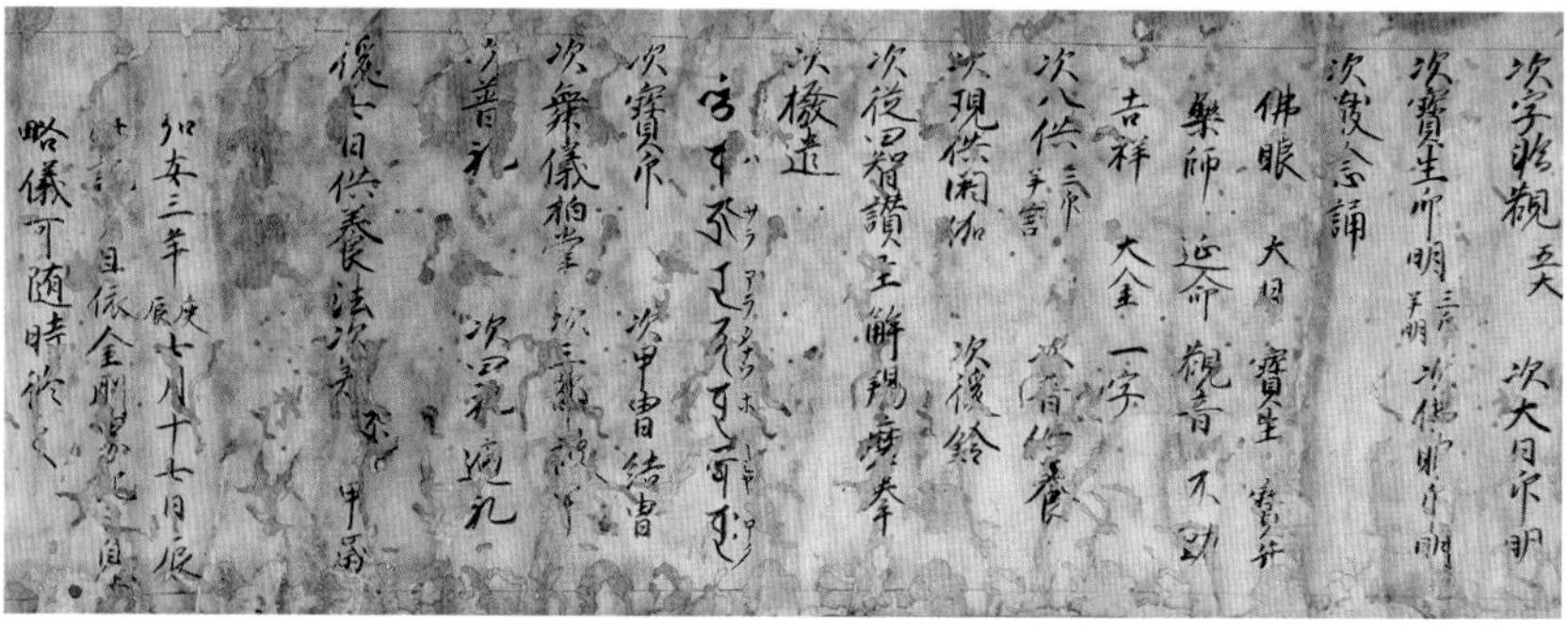

（巻尾）

＊後七日供養法次第　1巻

紙本墨書　（第2紙）縦16・6 横53・4
室町時代
十輪院所蔵

本堂解体修理で内陣内法長押から発見された巻子本の聖教である。巻尾に弘安3年（1280）の奥書があるが、書写時期はそれより後、室町から桃山時代頃か。後七日御修法《ごしちにちみしほ》の供養法次第を述べたものである。後七日御修法は甲年・乙年として金剛界・胎蔵界を交互に修されるが、「金剛界」「八供」の語が見えることから金剛界曼荼羅を本尊として修す次第であることが知られる。（三宅）

*◉旧十輪院宝蔵
木造　高さ439・0
鎌倉時代
東京国立博物館所蔵

一間四方、宝形造、本瓦葺の校倉である。校倉の床下には四面に十六善神が線刻で描かれた板石がはめられており、その表現には石仏龕との関連が指摘できる。正面の扉には四天王、内部の壁面には菩薩、十六善神が描かれる。軒には垂木を用いておらず、本堂と共通する。内部には『大般若経』が納められていた。この大般若経は朝野魚養の筆によるもので、「魚養経」とも呼ばれる。

もとは十輪院の境内、本堂の南東にあったことが絵図（19ページ）からうかがえるが、明治15年（1882）に東京国立博物館に移築された。（村田）

写真：東京国立博物館所蔵
Image：TNM Image Archives

第2節 本尊・地蔵石仏龕の世界

地蔵石仏龕《せきぶつがん》は、鎌倉時代前期頃に造立された十輪院の本尊です。石仏龕は、花崗岩の切石で築造されており、地蔵菩薩を中心にした龕の空間と、前方に拡がるように配置された左右三本の石柱と外周の諸尊によって地蔵世界を表現したものとなっています。

構成する諸尊を見ていくと、厚肉彫りの①（次ページ図）地蔵菩薩像の左右側壁には②③十王坐像を5体ずつ、天井には天人像が線彫りされ、入口上部の楣石《まぐさ》や袖石には㉗北斗七星や㉘九曜星などの種子が刻まれています。右扉石は正面に半肉彫りの⑦弥勒菩薩像、側面に線彫りの⑤聖観音像が刻まれており、左扉石には正面に⑥釈迦如来像、側面には④不動明王像が同様の彫り方で認められます。その前の石柱は、左右ともに側面に水輪に如来坐像を刻んだ⑧⑨五輪塔形を薄肉彫りしており、左正面には⑩多聞天像、右正面には⑪持国天像がそれぞれ線彫りされています。外側の左右袖石には、前面に⑭⑮金剛力士像、側面には⑫⑬十二宮⑯⑰二十八宿の種子がそれぞれ刻まれています。

外周には㉒増長天像、㉓広目天像、⑲多聞天像、⑱持国天像の四天王像と五輪塔形が彫られ、石龕前方の左右には平面が六角形をした尖頭柱状の㉔㉕石幢《せきどう》が設けられています。右側の石幢には「金光明最勝王経序品第一」と正面に刻み、その他の5面に如来寿量品第二から付属品第三十一までの品名を、一方の左側の石幢正面には「妙法蓮華経序品第一」、その他の5面に方便品第二か

地蔵石仏龕正面

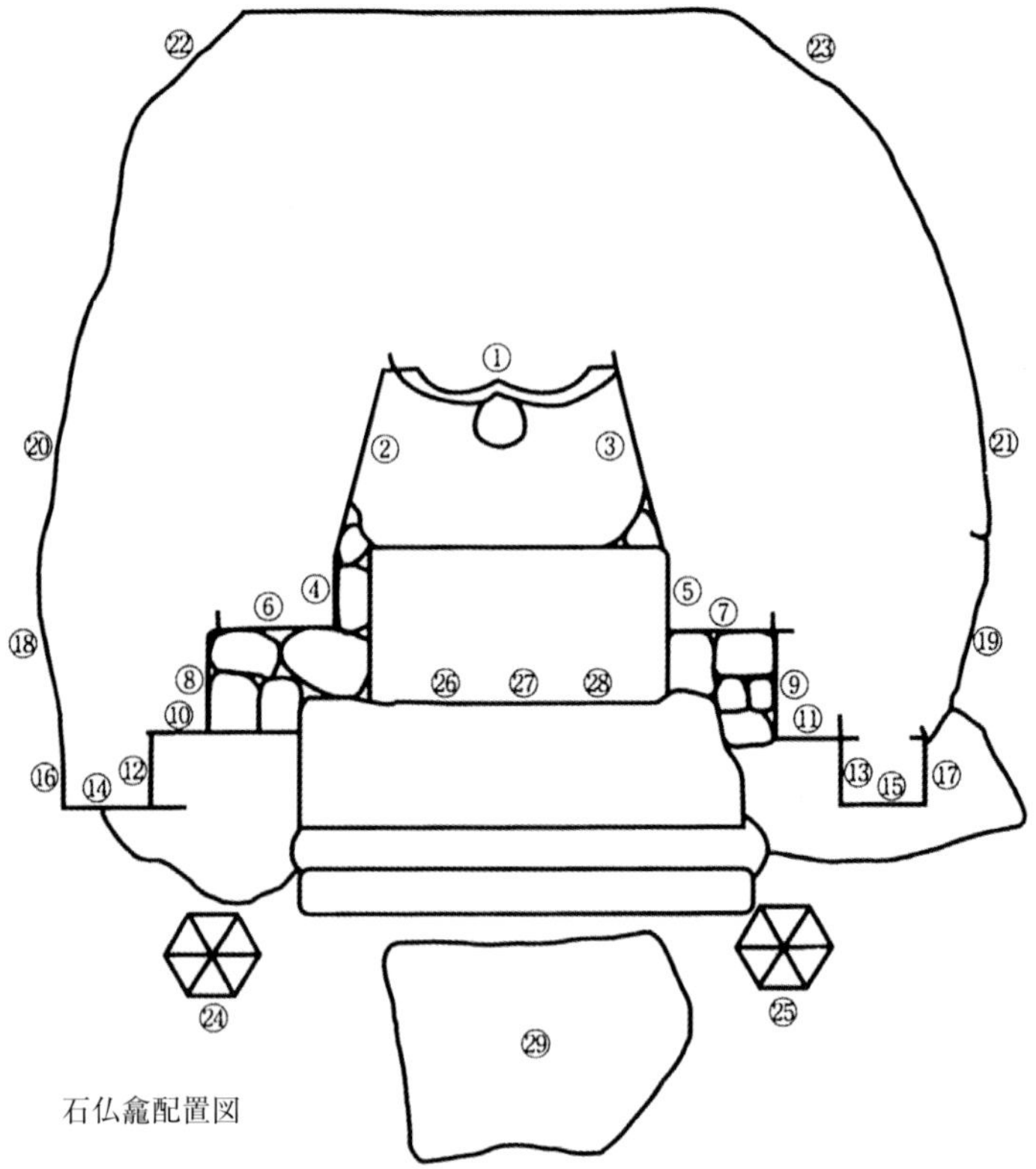

石仏龕配置図

①中尊地蔵菩薩
②十王（上方飛天像）
③十王（同）
④不動明王
⑤聖観音
⑥釈迦如来
⑦弥勒菩薩
⑧五輪塔
⑨同
⑩多聞天
⑪持国天
⑫十二宮の内六宮種子
⑬同
⑭金剛力士（吽形）
⑮金剛力士（阿形）
⑯二十八宿の内西北の
分種子
⑰同　東南の分種子

⑱持国天
⑲多聞天
⑳五輪塔
㉑同
㉒増長天
㉓広目天
㉔石幢（妙法蓮華経）
㉕同（金光明最勝王経）
㉖観音勢至両種子
（上方の楣石）
㉗一字金輪、明星、
北斗七星（同）
㉘九曜種子（同）
㉙引導石（棺置石）

（『南都十輪院』より
一部改変して転載）

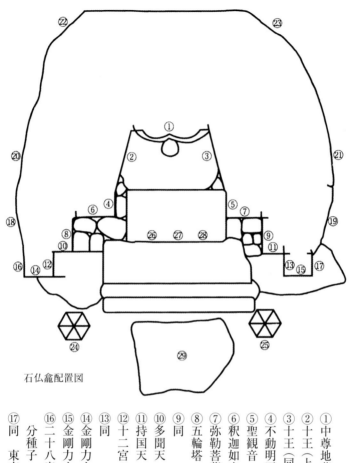

中尊・地蔵菩薩像

ら普賢菩薩勧発品第二十八までの品名が刻まれています。この石幢の間には、㉙引導石（棺置石）と呼ばれる大きい平石が据えられています。

石仏龕は、慶安5年（1652）に大規模な修理が行われた可能性が指摘されていますが（岸1928）、各像の配置は造立当初から変わらないとの考え方が主流でした。一方で、静的な地蔵菩薩像と動きを持つ弥勒菩薩像・釈迦如来像の作風の違い、石材の種類の違いや風化の存在、彩色のあり方の違いなどから、各像の作者や年代が異なるとする意見や大規模修理の際に複数の石仏龕が一つにまとめられたなど、何らかの改変を受けて現在の姿になったとする指摘もあります。しかし当初がどのような姿だったのか、決定的な学説はまだないのが現状です。

調査で分かった新知見

これらの先行研究を踏まえながら、今回改めて調査を行いました。石材鑑定では、石仏龕は3種類の花崗岩によって構成されており、特に中尊の地蔵菩薩像と石龕で主に用いられている石材が異なっていることが明らかになりました。また、地蔵菩薩像の観察では、彩色の痕跡はなく、頭部や肩部に摩滅が認められ、先行研究の成果を追認しました。さらに、石仏龕は昭和30年（１９５５）に解体修理がなされていますが、この時の写真から背面に近い位置まで蓮華座が刻まれていることを確認しました。つまり、当初は現在のように背面を壁に塗り込めるようなものではなく、露座であった可能性が考えられるのです。

解体修理の時の写真からは、地蔵菩薩像の足元にある蓮華座にも特異な様相が見られます。この蓮華座は、正面前端が地蔵菩薩像の最大厚より内側にあり、石仏龕の諸像の中では唯一、踏割蓮台風に仕上げてあります。注目すべきは、地蔵菩薩像が据わる造出突起を持つ礎石と見られる大型石材で、蓮華座にみられる削り込みと位置や幅が合致しています。つまり、地蔵菩薩像は基礎にあたる大型石材の出枘《ほぞ》に合わせて踏割蓮台風に改変された可能性が高いのです。

以上の観察結果からは、当初の地蔵菩薩像は露座であり、ある段階で大型石材の上に移動させられて造出突起に合わせて改変を受けたと推定できます。造出突起が無ければ蓮華座のまま据えられますが、主尊である地蔵菩薩像を改変してまで礎石の造出突起が重要だったのでしょう。残した理由は不明ですが、地蔵石仏龕が現在のような姿になった過程を示す重要な情報と言えます。すなわち、先に石龕を築造してしまうと地蔵菩薩像を安置することができないので、露座であった地蔵菩薩像を大

左扉石・釈迦如来像

右扉石・弥勒菩薩像

型石材の上に設置し、そのあとに石龕を構築したことになります。地蔵菩薩像と石龕に使われている石材の違いは、制作時期の違いを反映しているのかもしれません。

中尊・地蔵菩薩像の蓮華座と造出突起

制作年代はいつか？

このように、地蔵石仏龕の年代差と構築過程が明確になってくると、具体的な制作時期が問題となってきます。地蔵菩薩像についてはその像容から鎌倉時代前期頃、石龕を構成する他の諸像も鎌倉時代前期から中期頃の制作と考えられてきました。

今回の調査で、石龕の築造年代に迫ることができる重要な痕跡を石龕北西の多聞天で確認できました。それは、石材の切り出しや加工の際に穿たれた「矢穴」と呼ばれる穴の痕跡で、12世紀末から13世紀に相当するものです。つまり、石龕は地蔵菩薩像の制作時から大きく時期を開けずに築造されたと考えられるのです。

地蔵石仏龕に残る謎

露座であった地蔵菩薩像が、なぜ大型石材の上に移動させて石龕で覆う必要があったのか、その理由や背景については判然としません。また、複数の石仏龕が組み合わさった可能性も排除できず、まだまだ検討すべき課題は多いのが現状です。しかし、形態を変えながら地蔵世界を具現化していく様子からは、地蔵菩薩像が十輪院の信仰対象として極めて重要な存在であることが分かります。慶安5年（1652）の大規模改修や昭和30年（1955）の解体修理を経ながら、大切に引き継がれた地蔵石仏龕を継承していくことも、現代に生きる我々に求められる大事な役割です。

（坂本）

第3節　石の霊場

十輪院には、本尊地蔵石仏龕《せきぶつがん》のほかに、97点の石造物があります（墓地を除く）。中でも、中世石造物は鎌倉時代21点、室町時代29点を数え、盛んに造立されていたことが分かります。

鎌倉時代の石造物では、鎌倉時代後期頃の制作とされてきた興福寺曼荼羅石（56ページ）が矢穴の調査成果から13世紀初頭に遡る可能性があり、愛染曼荼羅石（58ページ）もほぼ同時期に制作されたと考えられます。また、旧十輪院宝蔵の線刻板石（東京国立博物館所蔵）は、十六善神像の像容が地蔵石仏龕の線刻仁王像のそれと類似していることが分かってきました。この事実は、本来の線刻板石は宝蔵ではなく石龕やそれと一連をなす構造物の一部であった可能性が考えられます。いずれも、地蔵石仏龕が成立した時期と同じである点は非常に重要です。

一方、十輪院には朝野魚養《あさののなかい》の墓と伝えられる小型の横穴式石室を伴う墳丘があります（84ページ）。古墳の転用や奈良時代の墳墓とも考えられてきましたが、発掘調査によって12世紀後半から13世紀前半の遺物を含む溝が検出されました。現在の魚養塚《ぎょようづか》は、慶安5年（1652）の地蔵石仏龕の修理に際して取り外された石材を組み込みながら、江戸時代に整備されたと考えられますが、発掘調査の成果からは13世紀前半には魚養塚が存在していたことをうかがい知ることができます。魚養塚の当初の姿を復元することは困難ですが、少なくとも鎌倉時代から魚養伝説を含む宗教的な場であったことは明らかです。

このように、十輪院には魚養塚と本尊である地蔵石仏龕の2つの核心的な信仰施設が併存していたと考えられます。これらの成立と信仰に密接に関わる数々の石造物が鎌倉時代前期から造立されていき、「石の霊場」とも呼べる空間が形成されていったと考えられます。十輪院の地蔵菩薩が文献資料に登場するのは鎌倉時代中期を待たなければなりませんが、それまでに石造物の造立に見るように信仰が強化され、納骨霊場、地蔵霊場としての性格を確立したと考えられるのです。（坂本）

＊十三重石塔　1基

石造　高332・0　幅91・0　厚93・0
鎌倉時代
十輪院所蔵

花崗岩製の層塔で、昭和初期に寺外に流出後、昭和63年（1988）に十輪院に戻された。現在は十層のみとなっており、相輪が折損するなどの傷みが見える。上層に行くにしたがって軒幅が短くなる逓減《ていげん》率を勘案すると、初層と二層目の軒幅の差が大きく、3層分が欠失していると推定でき、本来は十三重石塔であったと考えられる。安永9年（1780）成立の『平城十輪院縁起』（18ページ）に「十一重の石塔…」と記されており、当時の段階ですでに2層分が欠失して十一重塔になっていたようである。内部には奉籠孔《ほうろうこう》が穿たれていたようであり、塔身の四方四仏は良好に遺存する。四方四仏はいずれも月輪内に配され、二重円光背を持つ。頭部から上半身にかけては半肉彫で成し、蓮台は線刻で表現する。鎌倉時代に造立されたと考えられる。

（坂本）

*□興福寺曼荼羅石　1基

石造　高125・0 上幅78・0 下幅60・0
厚15・5〜17・5
鎌倉時代（13世紀）
十輪院所蔵

花崗岩製で、板状を呈する。一面には高さ101・0㎝、幅61・2〜61・8㎝で枠取りし、その中はさらに枠を取って区画し、四段に分けられる。この区画は興福寺主要伽藍を表し、諸堂の仏像と梵字が線刻される。絵画としての興福寺曼荼羅はよく知られるが、石造品では本資料以外に例がない。

藤原氏との関係がうかがえる貴重な資料である。（坂本）

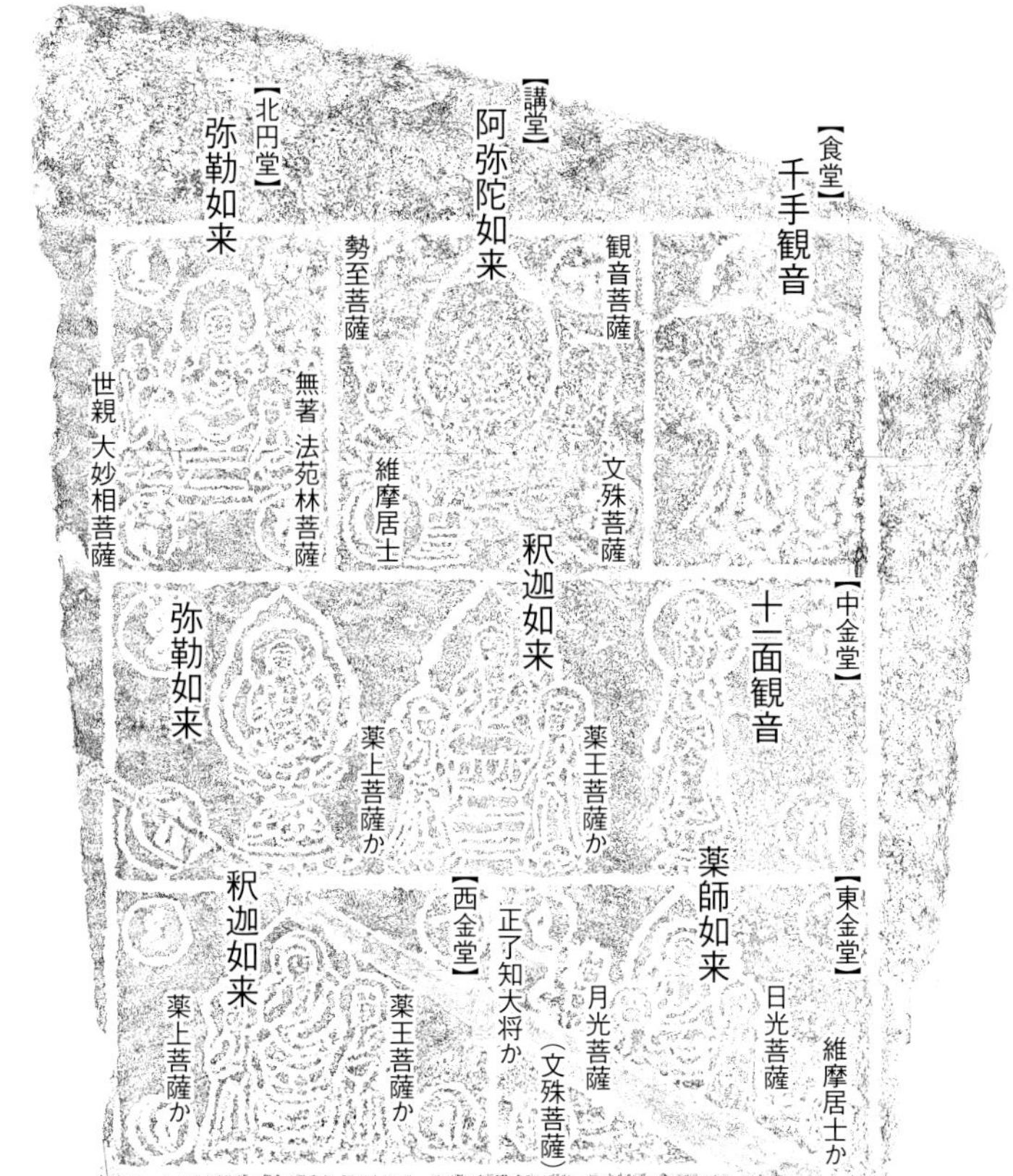
【食堂】
千手観音
観音菩薩
文殊菩薩
【講堂】
阿弥陀如来
勢至菩薩
維摩居士
【北円堂】
弥勒如来
無著
法苑林菩薩
世親
大妙相菩薩
【中金堂】
十一面観音
薬王菩薩か
釈迦如来
薬上菩薩か
弥勒如来
【東金堂】
維摩居士か
日光菩薩
薬師如来
月光菩薩
（文殊菩薩）
正了知大将か
【西金堂】
薬王菩薩か
釈迦如来
薬上菩薩か
五重塔
【中門】
増長天
【南大門】
金剛力士
（阿形か）
持国天
金剛力士
（吽形か）
【南円堂】
不空羂索観音
20cm
0

（拓影に加筆）

*愛染曼荼羅石　1基

石造
高139・0 幅143・0 厚45・0〜50・0
鎌倉時代（13世紀）
十輪院所蔵

花崗岩製で、半月形状の板石の両面を平滑にし、一面に多数の五輪塔を線彫りする。中央には愛染明王の種子でもある「ウーン」の梵字を刻み、江戸時代には既に愛染曼荼羅石などと呼ばれている。

表面は横方向の沈線によって6段に分け、各段には合計88基の五輪塔が確認できる。五輪塔は、左右の隣接する塔で地輪の側辺を共有し、樽型を呈する水輪と軒口を表現しない三角形状の火輪が特徴的である。その形態は三角五輪塔に似ており、新大仏寺板彫五輪塔などの平面的に三角五輪塔を表現した事例を踏まえると、13世紀前半頃の制作と考えられる。背面には直径72・0㎝の巨大な月輪に「キリーク」の梵字が彫り込まれるが、鎌倉時代前期の石造物に見られる「キリーク」の特徴とはそぐわず、追刻の可能性が考えられる。（坂本）

（正面・拓影）

*阿弥陀来迎石　1基

石造　高75・0 幅43・6〜48・8 厚14・5
鎌倉時代
十輪院所蔵

板石を呈する花崗岩の表面に二重の方形の枠を彫り、その中に諸菩薩の来迎が表現される。全体的に表面の劣化が進んでおり、拓本によってようやく観察できる状態である。

枠内の中央上位には、二重円光を背負う如来坐像とみられる像容が線刻され、その左右には如来が乗る雲を表現したと思われる縦方向で波型の線が断続的にみられる。この像の下には左右に高さ20㎝ほどの仏像とみられる線刻があるが、左像に円光と推測される表現が確認できる以外は判然としない。同様に、枠内右上にも円光のような表現があることから、画面のほかの部分にも仏像を線刻していたと考えられる。劣化のため像容が判然としないのが惜しいが、側面にみられる矢穴痕の様相を含め、鎌倉時代の作品と考えられる。（坂本）

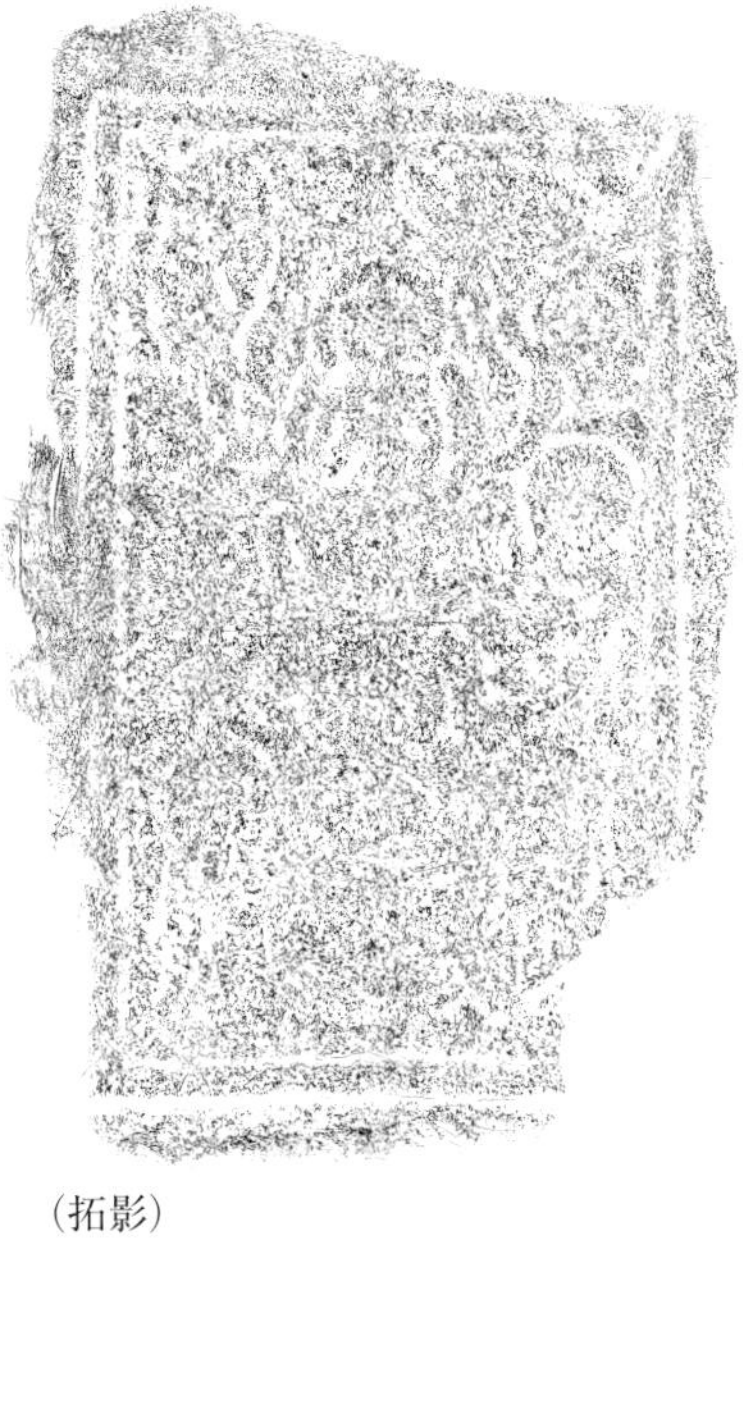

（拓影）

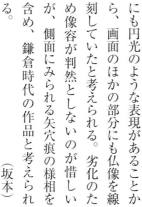

＊菩薩立像石仏（合掌観音）　1軀

石造　高202・0　幅75・0　厚26・0
鎌倉時代中期
十輪院所蔵

花崗岩製で、板状の石材に菩薩立像を刻出する。顔から肩にかけては半肉彫りだが、足元にいくに従い彫りは浅くなり、線彫り状になっている。頭部の表現は曖昧だが、顔はやや斜向させ、周囲には線彫りで頭光が表現される。穏やかな表情で合掌している姿が特徴的だが、衣の表現は袈裟にも見えるため、尊種については、検討の必要がある。（坂本）

＊不動明王石仏　　1軀
石造　高202・0　幅72・0　厚36・0
鎌倉時代
十輪院所蔵

花崗岩製で、板状の石材に像高157・0㎝の不動明王立像を厚肉彫りする。両目は力強く見開き、唇を噛みしめて忿怒《ふんぬ》の表情を示す。右手には利剣、左手には羂索《けんじゃく》を持ち、火焔光背には朱や黄土による彩色が残されている。（坂本）

第4節　室町時代の十輪院

室町時代になると、大乗院門跡尋尊《じんそん》の『大乗院寺社雑事記《だいじょういんじしゃぞうじき》』、多聞院英俊《えいしゅん》の『多聞院日記《たもんいんにっき》』などの古記録に十輪院がたびたび登場しており、鎌倉時代に比べて多くのことをうかがい知ることができます。これらの史料によって、室町時代の十輪院の様子をみていきましょう。

地蔵縁日は十輪院詣で

室町時代にも十輪院は地蔵霊場としてよく知られていたようで、尋尊は、寛正2年（1461）2月27日を初見としてたびたび十輪院の地蔵菩薩に参詣しています。

尋尊の場合、毎月24日の地蔵菩薩の月次法要が行われる縁日に、福智院とセットでしばしば参詣しています。とりわけ1月と6月の参拝が多かったようです。6月24日は江戸時代以降の奈良の町々の地蔵盆が行われることが多かった日であり、その源流となる寺院の地蔵会と位置づけられるでしょうか。1月24日は新年のいわば「初地蔵」といった意味合いがあったのかもしれません。

尋尊以外では、同じく興福寺別当や大乗院門跡などをつとめた経覚《きょうがく》も文正元年（1466）11月12日に、福智院と十輪院に参詣しています。

尋尊の父で、摂政・関白などをつとめ、学者としても知られる一条《いちじょう》兼良《かねよし》は、応仁の乱で奈良に疎開している間、文明2年（1470）6月19日に十輪院に行き、「大師作る所の石仏等」を見物しました。中尊地蔵菩薩像をはじめとする本尊石仏龕《せきぶつがん》は弘法大師自作として信仰され、広く知られた存在だったようです。

一方、魚養塚《ぎょようづか》についてはこの時期ほとんど記録に見えません。地蔵石仏龕への信仰が高まる一方で、魚養塚の位置は相対的に低下したようです。発掘成果の知見でも、この時期、魚養塚に接して井戸が掘られ、本堂との間には礎石建物の堂が建てられるなど、魚養塚の求心性が低下していることが指摘されています（第3章第2節）。

興福寺との関係

現在は真言宗醍醐派に属する十輪院ですが、江戸時代初頭以降に真言宗寺院へと純化していくその前から、室町時代にも真言宗系の僧侶が中心であったことは間違いありません。永禄元年（1558）には真言八祖像が十輪院に納められ（72～76

ページ）、天正19年（1591）や文禄2年（1593）には庭儀曼荼羅供《ていぎまんだらく》・灌頂が十輪院で執り行われています。石仏龕を弘法大師の自作とする伝承が当時からあったことも、真言宗の影響をうかがわせます。

ただし、他の多くの大和国内の真言宗寺院と同じく、興福寺の影響下にもありました。江戸時代前期段階で、十輪院は醍醐寺報恩院の末寺としてみえる一方で、興福寺惣寺の末寺としても確認できます（春日大社文書）。この興福寺との本末関係は中世に遡ると考えられます。十輪院周辺に成立した十輪院郷は大乗院門跡郷の寄郷《よせごう》である竜花院《りゅうげいん》郷の内であり、大乗院や興福寺六方は領主でもありました。

宗教的な面でも、先述の天正19年、文禄2年の十輪院での曼荼羅供灌頂には、興福寺僧侶も出仕していました。一方、康正3年（1457）の竜花院八角堂の三ヶ日昼夜不断念仏、天正6年（1578）の因明講など興福寺や大乗院の法会には十輪院僧が出仕しています。制度的にも、宗教的にも興福寺の支配下にあったのです。

俗人も多く住んでいた境内

十輪院周辺には「十輪院郷」「東桶井郷」「西桶井郷」が成立しており、このうち十輪院郷には「町人」らが居住し、「惣郷」としてまとまった行動をすることもありました。こうした門前地域の都市的発展を背景に、十輪院でも文明15年（1483）には久世舞が行われるなど都市寺院としての活況を呈しています。

興味深いのは、今とはかなり異なる当時の境内の様子です。応仁2年（1468）に大乗院鎮守社の壁の塗り直しを行ったのは「当門跡大工孫四郎男、十輪院住」でした。この「十輪院」は文字通り「十輪院境内」であった可能性があります。延徳4年（1492）、「十輪院堂内在家の者」が興福寺の僧坊・院家の仏具などを盗み取ったとして、興福寺衆徒に召し捕られました。十輪院の寺内にはこの盗人のような在家俗人が住んでいたようです。

康正3年（1457）、文明16年（1484）、明応7年（1498）には「十輪院の内の小屋」が数軒焼失したという記事があります。文明16年の火事では「不思議に礼堂無為」とあるように、礼堂（現本堂）への延焼が危ぶまれるような、まさしく境内に小屋が乱立していた様相が想定されます。十輪院境内には小屋が乱立し、大工などの在家俗人が住んでいたのです。

ゆるやかな「大十輪院」境内

こうした境内の様相は、あまり広くない現在の十輪院境内域からは想像しにくいところです。室町期当時の十輪院界隈は「小五月郷指図写《こさつきごうさしずうつし》」(66・67ページ)に描かれています。これには特に寺域を表す境界線などは描かれていませんが、十輪院町に相当する十輪院郷・西桶井郷・東桶井郷の通りの北側一帯が境内であったようです。十輪院の境内地は通りの北側、現境内地を中心に東西に広がっていた可能性があります。

江戸時代の史料ですが、『奈良坊《ならぼう》目拙解《もくせっかい》』は、もともとは東西2町、南北1町の範囲が十輪院境内で、十輪院町、十輪院畑町《じゅうりんいんはたまち》、東十輪院町はもともと境内域に含まれていたと伝えています。現在の境内よりもはるかに広い「大十輪院」があった可能性を示すものであり、十輪院境内に俗人が寄生して小屋が乱立していたというのも、こうした「大十輪院」境内を想定すれば説明できます。

現在の十輪院の両隣には融通念佛宗法徳寺と浄土宗興善寺があります。いずれも戦国時代から江戸時代初頭に成立したと伝えられる寺院です。『奈良坊目拙解』によれば、法徳寺はもともと十輪院境内の草庵であったと伝えています。興善寺も、十輪院境内にあった阿弥陀石仏を守っていた浄土宗系の聖が草庵を建て、そこに檀越が集まり、墓地が営まれるようになって寺院として発展していったという伝承が記されています。奈良町の他の浄土宗・融通念佛宗寺院も、念仏聖の営んだ草庵や無縁堂がもとになっていると考えられる事例はあり、法徳寺や興善寺が「石の霊場」たる「大十輪院」境内で阿弥陀石仏などを守っていた念仏聖の草庵をもとに成立したという伝承は、部分的に実態を表している可能性が十分にありえると思います。

興善寺や法徳寺が成立する以前の戦国期までの段階では、十輪院は、地蔵堂を中心にしつつ、真言宗系僧侶らの小規模な寺坊、念仏聖が結んだ草庵や石仏が散在し、在家俗人の小屋なども入り乱れ、空間的に現境内よりも広い範域で緩やかなまとまりを持っていたと想定できます。このうち念仏聖の草庵が「大十輪院」から自立して浄土宗・融通念佛宗寺院として成立し、寺院境内域や町域の確定を経て、江戸時代の寺・町が確立したということでしょう。その際「東桶井郷」「西桶井郷」などは消滅しているので、この十輪院界隈の寺域・町域の空間的再編はかなり大規模なものであったと考えられます。

（服部）

4

十輪院周辺地図

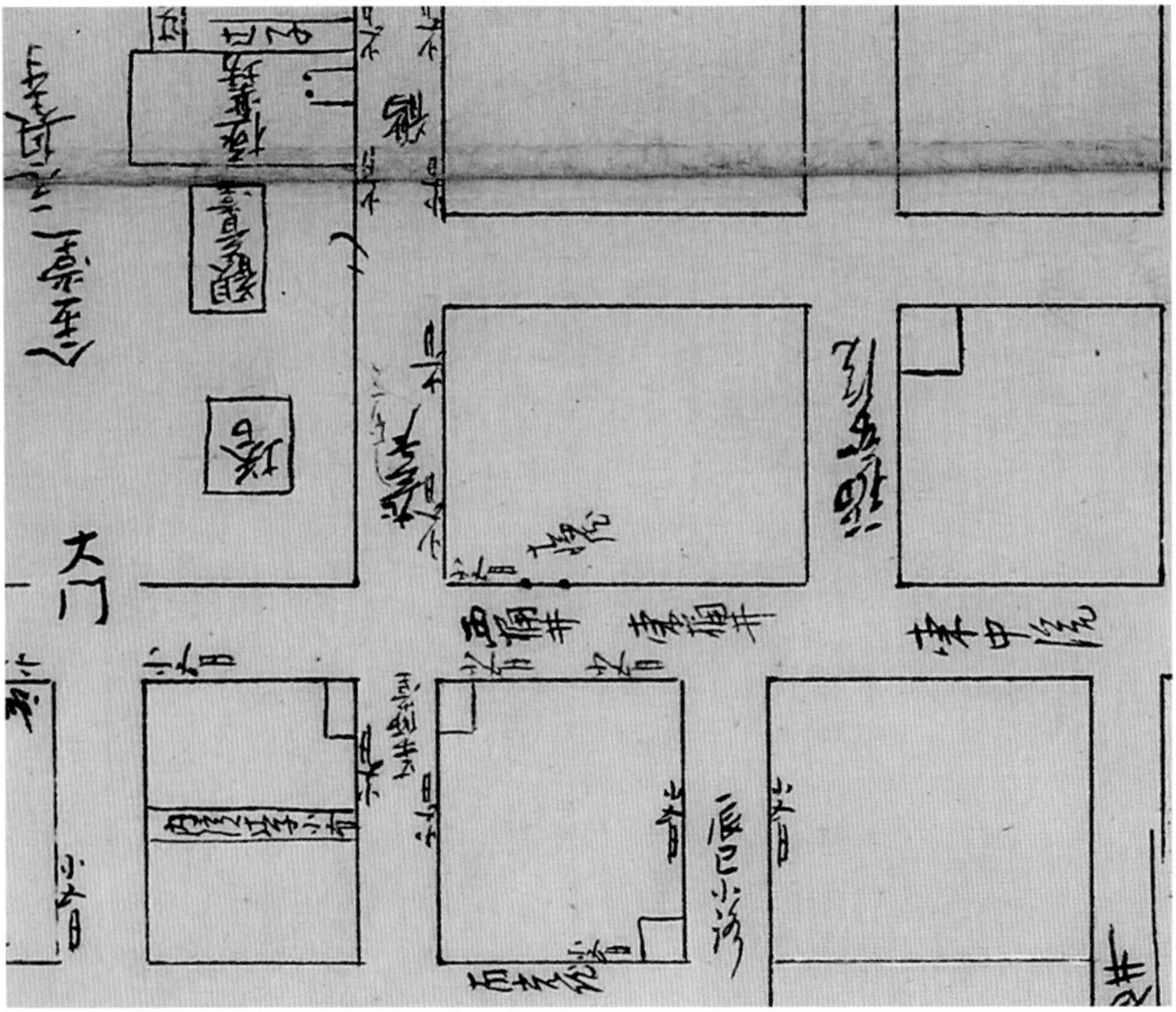

（十輪院周辺部分）

＊『肝要図絵類聚抄』のうち

小五月郷指図写　1冊

紙本墨書　（表紙）縦31・2　横21・1
宝暦6年（1756）
興福寺所蔵

『肝要図絵類聚抄』は大乗院門跡隆遍の命をうけた杉田喜昌が興福寺の中世記録などから絵図を写して集めた冊子で、「最古の奈良絵図」である小五月郷指図の写しが3種類収められている。そのうち、元興寺を中心に、猿沢池以南が描かれた本図には、現在の十輪院町である、「西桶井郷」「東桶井郷」の東西の通りに、「十輪院」が描かれている。当時の境内域なども不明確だが、現在と同様に南側に出入り口を開いていることは分かる。南側の現在の正覚寺あたりには「南光院」もみえる。南光院の院号は十輪院町の金躰寺に引き継がれた。

（服部）

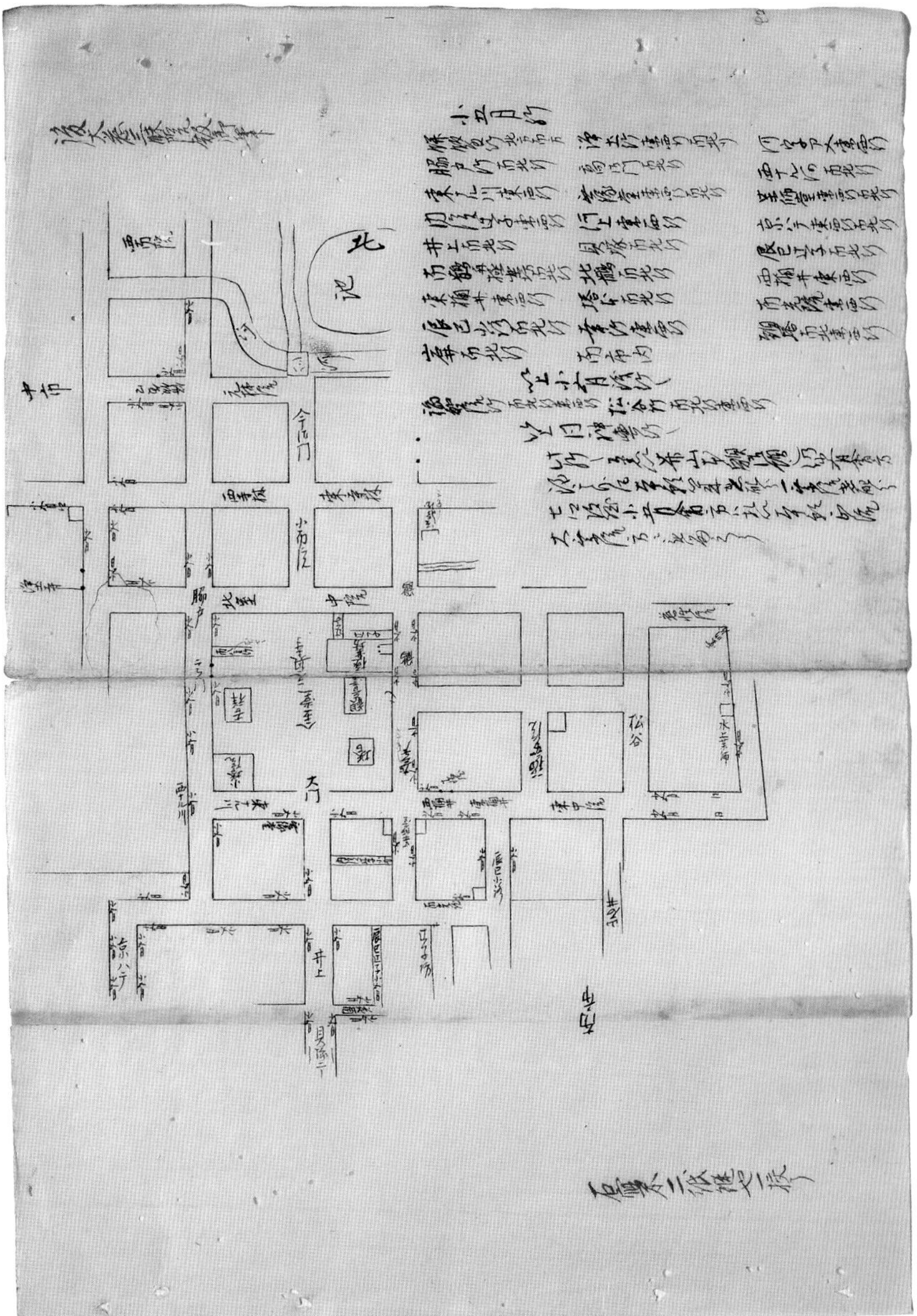
北
池
大門
松谷
井上

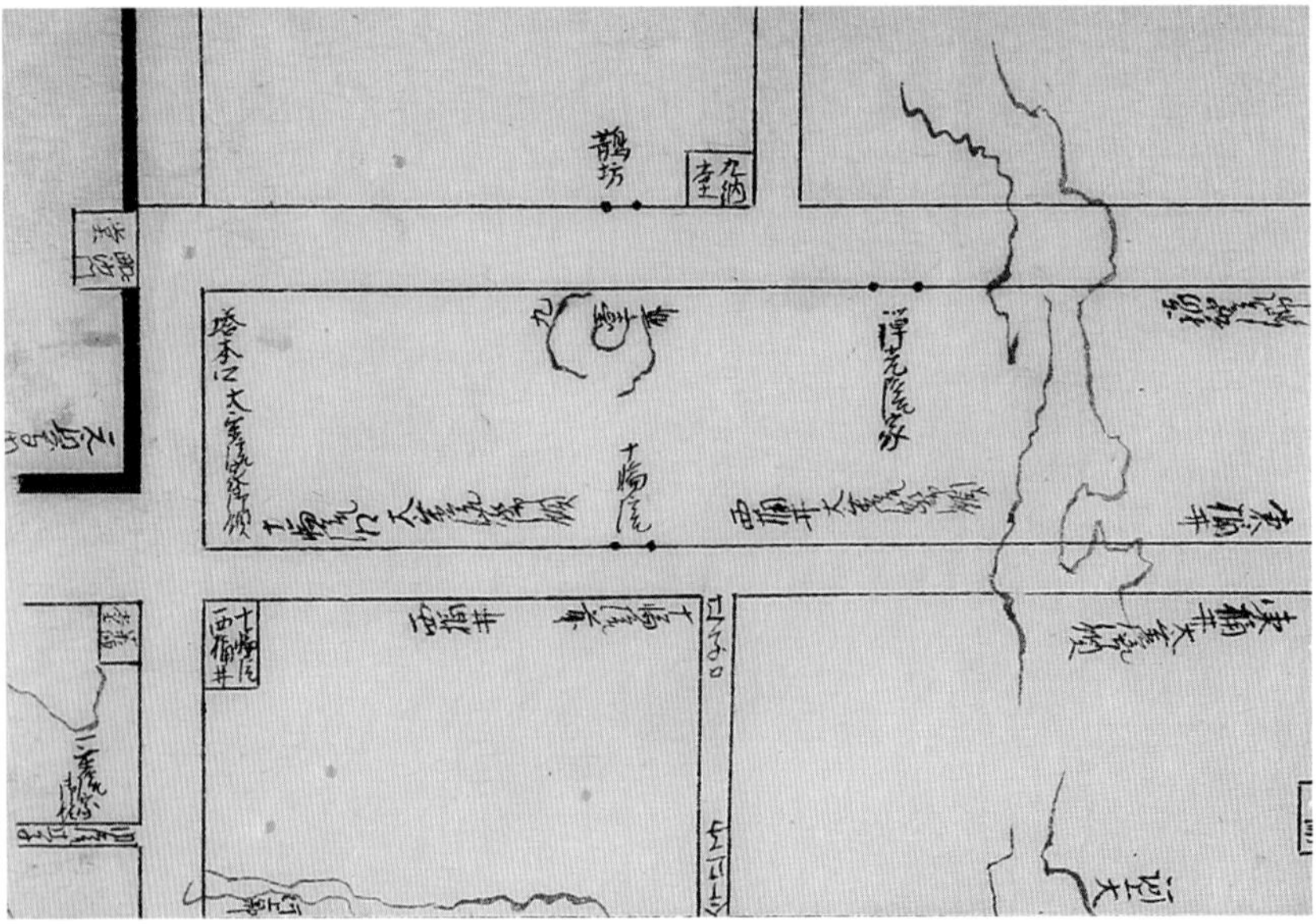

（十輪院周辺部分）

＊『肝要図絵類聚抄』のうち

小五月郷指図写　1冊

紙本墨書　（表紙）縦31・2　横21・1

宝暦6年（1756）

興福寺所蔵

『肝要図絵類聚抄』に収められた別の種類の小五月郷指図の写しである。天理大学附属天理図書館にこれの大乗院門跡尋尊による自筆原本と、宝暦4年（1754）の写本が収蔵されている。66ページの図に比べると、当時の奈良の東部の様子が詳細に描かれている。十輪院についてはやはり境内域は不明だが、南側に出入り口が開いていたことは明瞭に記される。現存する南門の位置であろう。その周りを見ると、西から十輪院郷、西桶井、東桶井が並んでおり、江戸時代以降の十輪院町・十輪院畑町などとは郷・町の枠組みが大きく異なることも知られる。（服部）

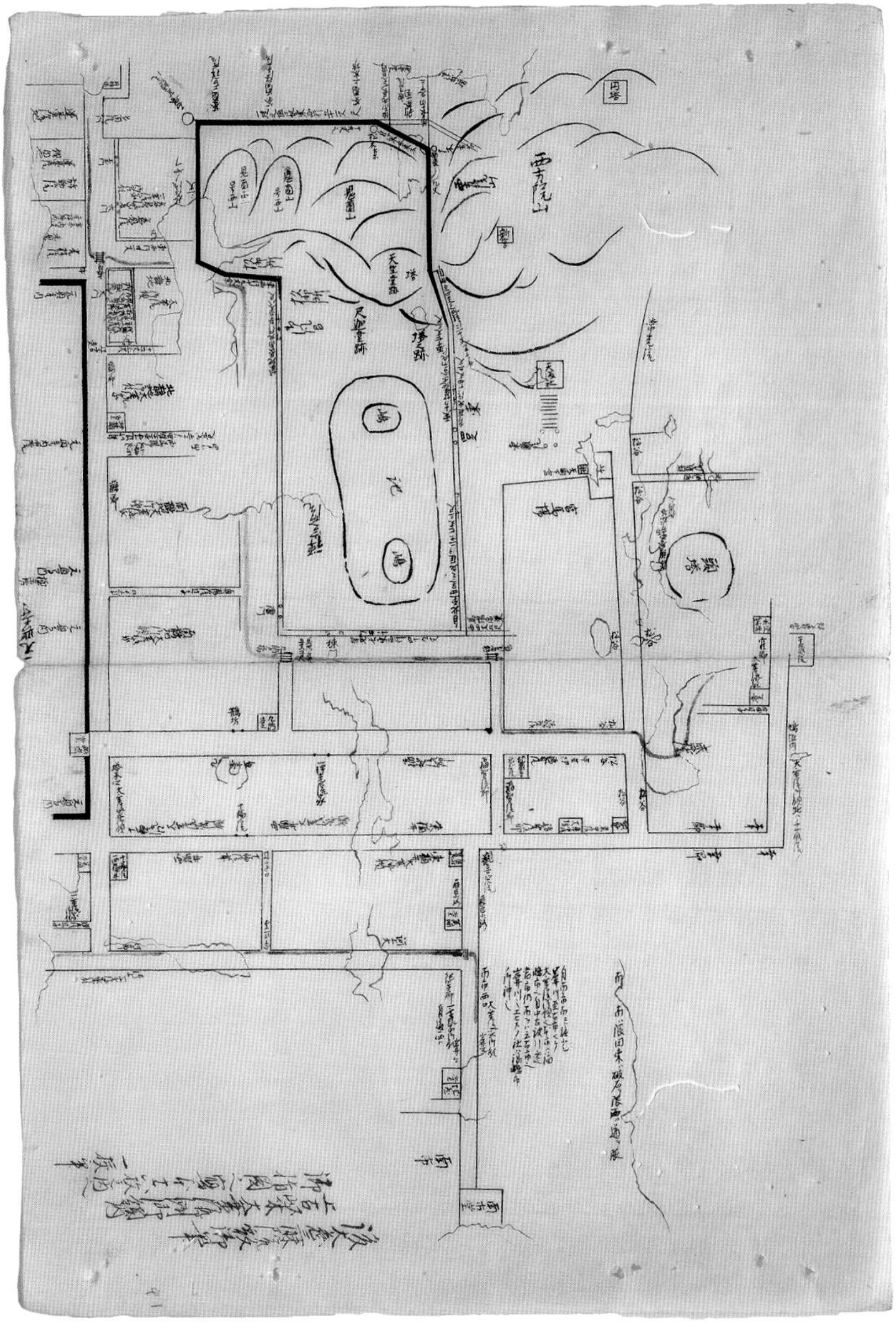
円塔
西方院山
天竺堂跡

＊大日如来坐像　1軀
木造 玉眼 肉身金泥衣部漆箔
像高55・3
室町時代
十輪院所蔵

胸前で智拳印を結ぶ金剛界大日如来で、頬の張った面部の輪郭や引き締まった体軀、広い膝張など堂々とした佇まいをみせる。肉身部分を金泥塗、着衣を箔押しとして聖なる身体と衣の区別を明らかとする。

江戸時代初め頃の史料によれば灌頂堂（礼堂）の本尊として安置されていたことが分かり、左に理源大師、右に弘法大師像が安置されていたという（『庁中漫録』、『奈良地誌』）。

（植村）

写真提供：飛鳥園

＊○多宝塔　1基

木造　高81・3
室町時代
十輪院所蔵

木造建築の多宝塔を小型にしたもので、多宝小塔とも呼ばれる。屋根は本瓦葺を模した表現がとられる。軒下には斗供《ときょう》が組まれ、初層では蟇《かえる》股《また》、間斗束《けんとつか》が入るなど、通常の建築を精密に写している。初層は三間四方で中央間には四面に観音開きの板扉が入り、この扉には四天王などが描かれるが剥落により失われている部分がある。

大壇の中央に置いて、初層内部に舎利容器を安置する壇塔として製作されたものと考えられる。（村田）

写真提供：飛鳥園

真言八祖像　8幅

紙本著色（空海幅）縦132・7　横70・5
永禄元年（1558）
十輪院所蔵

真言八祖は龍猛《りゅうみょう》、龍智《りゅうち》、金剛智《こんごうち》、不空《ふくう》、善無畏《ぜんむい》、一行《いちぎょう》、恵果《けいか》、空海という密教における経典儀軌を弘め、法を伝えてきた祖師をあらわしたもので、伝法灌頂に用いられる。同種のものでは侍者をともなうのが恵果像のみであるのに対し、十輪院本では他像にも僧侶を配する点が特徴的で、東寺灌頂院壁画にあらわされた八祖像の系譜に連なる図容を典拠としたという指摘がある。

旧巻止貼紙には「永禄元暦戊午三月日南都十輪院常住」とあり、この頃の制作と考えられる。（植村）

龍猛菩薩

龍智菩薩

金剛智三蔵

不空三藏

不空三藏南天竺
人分大番智不空
幼而慕道源達
秘奥先師既没
詣龍智所開兩
部教門授五智
灌頂玄宗深教
遂為三代國師

善無畏三藏

千善山主万衆之者
就之如日望之如雲
為法道俗不關守文
宇秘秘養支総曲壇
後金剛智遥阿遮聞
兩部大法此解紛絵
櫃元畏毅隆有滿軍
千載万古仰世青方

一行阿闍梨

恵果阿闍梨

（龍智幅旧巻止銘）

弘法大師

第3章

十輪院発掘

第1節　発掘された御影堂

十輪院境内ではこれまで3回にわたる発掘調査が行われています。その中でも最も広い面積で調査が行われたのが、昭和50年（1975）の納骨堂建設に伴う発掘調査です。調査は本堂の北東側にあった御影堂の跡地で行われ、当時の地表面から50～65㎝下で遺構の広がりが確認されました。確認された遺構は13世紀末以降のもので、礎石建物や石組溝、土塀、井戸、土坑などがあります。

最も古くに遡る遺構は土坑3で、13世紀末のものですが、それより下層を調査していないため、平安・奈良時代については不明です。13～14世紀の展開は不明ですが、15世紀後半になると、礎石建物が築かれます。礎石建物は途中改修されながらも使用が継続されましたが、16世紀末から17世紀初頭頃までには廃絶します。その後は再建されることなく、土塀と石組溝が設置されます。（村田）

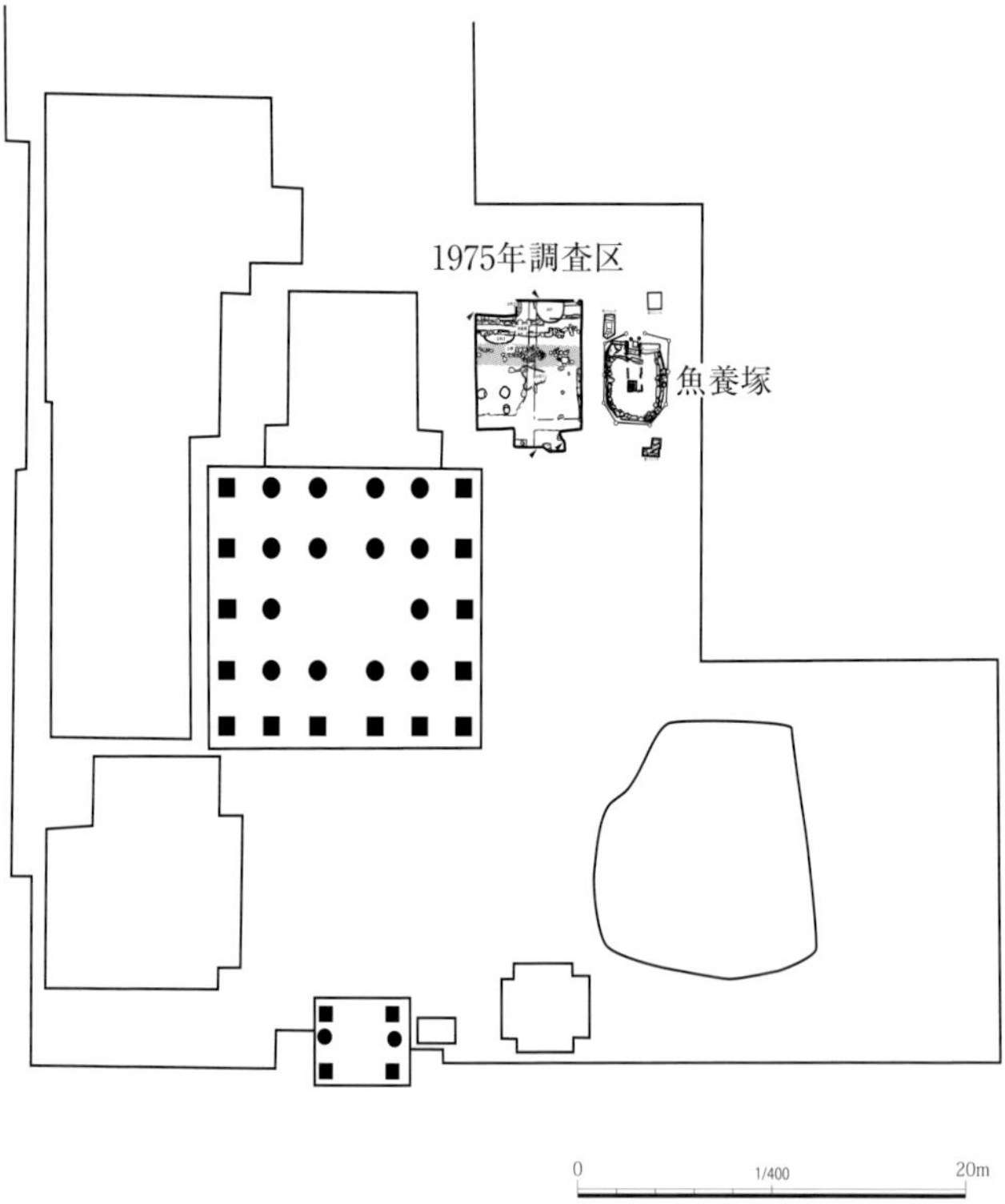

境内における調査区の位置

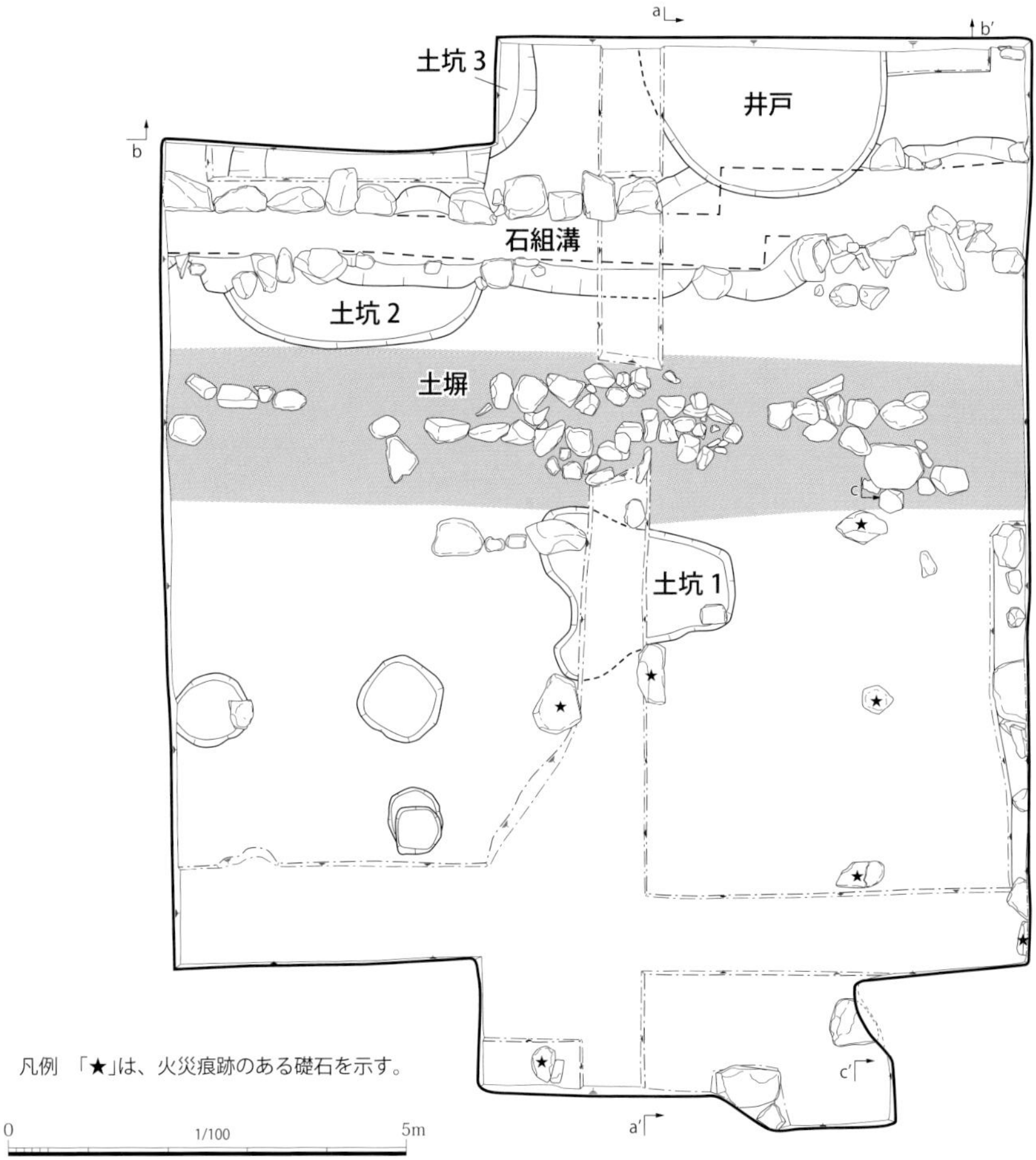
a
b′
土坑 3
井戸
b
石組溝
土坑 2
土塀
c
土坑 1
凡例 「★」は、火災痕跡のある礎石を示す。
c′
a′
0
1/100
5m

1975 年調査区

礎石建物基壇出土遺物

（磚）瓦製　縦10・0 横11・3
（釜）土師器　口径26・2
室町時代（15世紀後半）
奈良県立橿原考古学研究所所蔵

礎石建物基壇の可能性がある層から出土した遺物群である。これらの遺物は15世紀後半に位置付けられるものであり、礎石建物の築造時期もこれに近い時期と想定される。

このころには、礎石建物以外にも井戸などが、本堂と魚養塚《ぎょうづか》の間に設けられている。地蔵石仏龕《じぞうせきぶつがん》と魚養塚が併存していた状況から、魚養塚の位置付けが低下し、信仰の対象が地蔵石仏龕へと収斂していくことを示している。（村田）

写真：奈良県立橿原考古学研究所許可済

土坑1出土遺物

土師器　口径7・5〜11・8
室町時代（16世紀）
奈良県立橿原考古学研究所所蔵

基壇上に掘られた土坑1から出土した土師器皿である。土坑1は礎石建物内に掘削されるが、礎石建物は土坑1の埋没後も存在することから、礎石建物の改修に伴うものと考えられ、礎石建物が境内の施設として安定して維持されていることが分かる。遺物からは、改修の時期は16世紀と考えられる。（村田）

写真：奈良県立橿原考古学研究所許可済

礎石建物被覆土出土遺物

土師器・陶器（唐津焼）
土師器皿　口径7・4〜8・0
江戸時代（17世紀）
奈良県立橿原考古学研究所所蔵

礎石建物廃絶後に、礎石上に堆積した層から出土した遺物である。これらの遺物は17世紀前半のものであり、この時期には礎石建物は存在していなかったことが分かる。礎石には火で焼けた跡がみられることから、礎石建物は火災により廃絶したものと考えられる。廃絶後は再建されず、土塀と石組溝による区画施設が築かれることになる。（村田）

写真：奈良県立橿原考古学研究所許可済

＊土塀と石組溝

土塀と石組溝は17世紀前半に築造されたと考えられるが、これらを東へ延長するとちょうど魚養塚にぶつかることとなる。したがって、これらは『奈良《なら》坊目拙解《ぼうもくせっかい》』にある一時的に魚養塚が興善寺の境内になっていた時期のものと考えられ、礎石建物の火災がその契機となったことがうかがえる。

のちに再び十輪院境内に戻ったと考えられる時期の境内絵図（19ページ）にはこれらの施設は描かれていない。その存続時期は明らかではないが、御影堂が建てられる慶安3年（1650）までには廃絶したものと考えられる。（村田）

写真提供：奈良県立橿原考古学研究所

第2節 発掘された魚養塚

魚養塚《ぎょようづか》は本堂の北東、御影堂の東に隣接した位置にあり、朝野魚養《あさののなかい》の墓と伝えられてきました。塚は北に開口する横穴式石室を持ち、墳丘は長軸3・47m、短軸3・18m、高さ1・04mの円形を呈します。墳頂には江戸時代後期頃の花崗岩製の宝篋印塔が造立され、墳丘の周囲は石積みが施されています。塚周囲の石積みの中には、塔や仏像を線刻した石材も含まれており、地蔵石仏龕との共通した特徴もみられます。石室の奥壁には鎌倉時代前期のものと考えられる石仏が安置されています。

　平成29年（2017）に行った測量調査の際に石室裏込に使われていた丸瓦が発見され、その年代観から、魚養塚が現在の状況に整備された時期が17世紀初頭を遡らないことが示されました。これにより、魚養塚が朝野魚養の墓と伝えられてきたことも含め、それ以前にも何らかの信仰施設が存在していたのではないかと推定されました。この推定を検証するために、平成30年（2018）・令和元年（2019）に魚養塚の周囲の発掘調査を行いました。

　その結果、魚養塚を取り巻く可能性がある斜行溝の存在が確認され、その出土遺物の年代から遅くとも13世紀には魚養塚が存在していた可能性が高まりました。

（村田）

魚養塚石室開口部

石室奥壁石仏

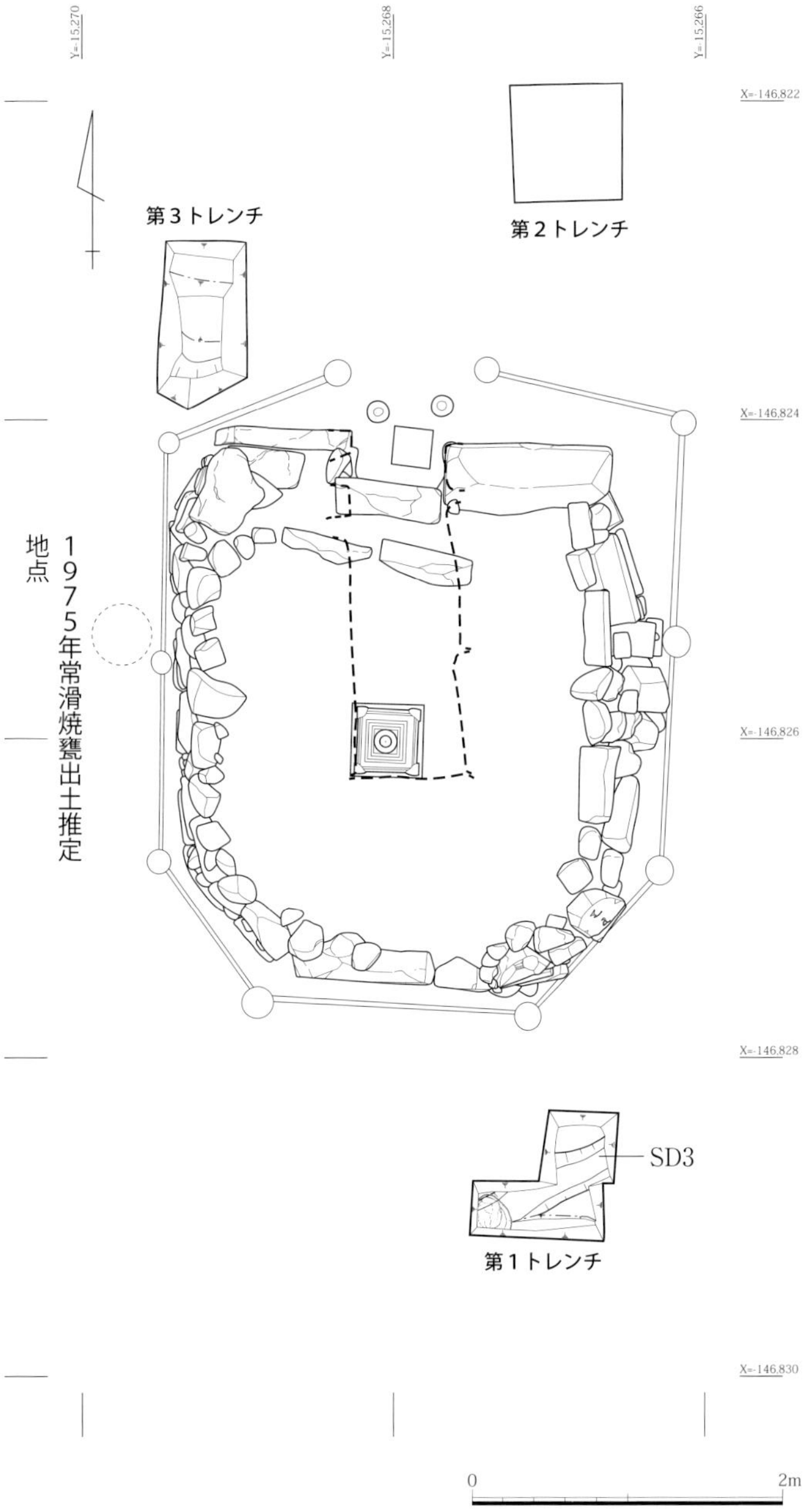
Y=-15,270
Y=-15,268
Y=-15,266
X=-146,822
X=-146,824
X=-146,826
X=-146,828
X=-146,830
第３トレンチ
第２トレンチ
１９７５年常滑焼甕出土推定地点
SD3
第１トレンチ
0
2m

魚養塚と調査区の位置

＊魚養塚碑文拓本　1巻

紙本墨書（第1紙）縦52・0　横91・0
安永9年（1780）
十輪院所蔵

魚養塚の石に彫られた碑文の拓本である。拓本の後に、喜多院有雅の校訂に拠った訓点を付した本文翻刻と、大江中務卿元慶・十輪院住僧亮照による安永9年の奥書、伊予松山藩金子義篤（?～1815）による寛政9年（1797）の識語《しきご》がある。魚養を開基と記した『平城十輪院縁起』（18ページ）などの縁起成立と関連して制作されたものであろう。

内容は、玄奘《げんじょう》訳『弁中辺論頌《べんちゅうへんろんじゅ》』、『成唯識論《じょうゆいしきろん》』、『摂大乗論本《しょうだいじょうろんほん》』、基《き》撰『大乗法苑義林章《だいじょうほうおんぎりんしょう》』中から抽出した重要な文であり、玄奘、基によって確立された法相宗と関連が深いことが知られる。（三宅）

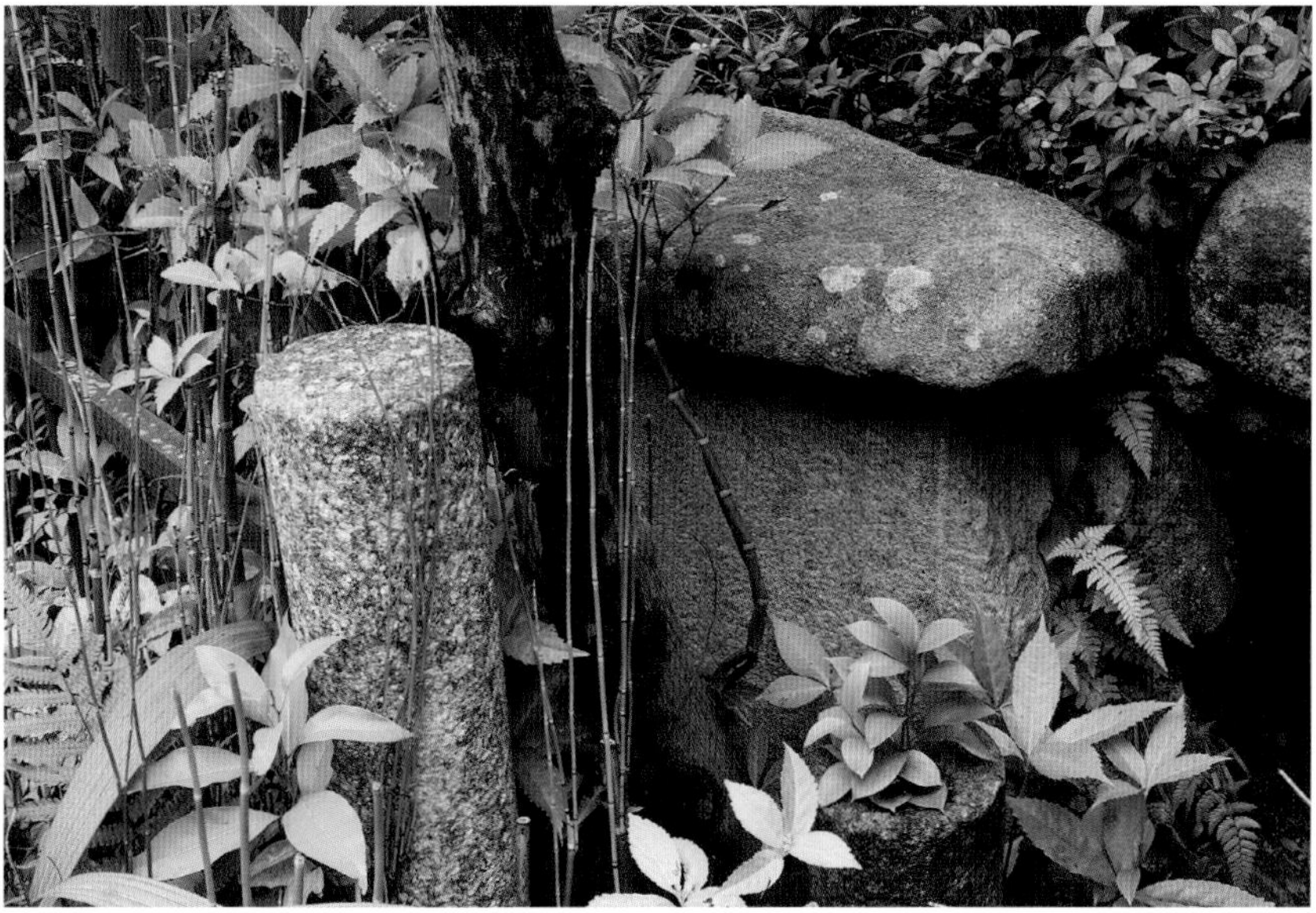

碑文の彫られた石（中央）

・魚養塚碑文翻刻文

虚忘分別有　於此二都无　此中唯有空
於彼亦有此　故説一切法　非空非不空
有无及有故　是則契中道

名事互為客　其性応尋思　於二亦当及
唯量及唯仮　実智観无義　唯有分別三
彼无故此无　是則入三性

我法非有空識非无離有離无故契中道
観遍計所執唯虚妄起都无体用応正遣空
情有理无故観依他円成諸法体実二智境界
応正存有理有情无故　彼

訶□正

SD3出土遺物

瓦器・土師器・瓦　(瓦)幅10・0
鎌倉時代(12〜13世紀)
十輪院所蔵

魚養塚の南東部で確認した溝から出土した遺物は12世紀後半から13世紀前半に位置づけられるもので、13世紀後半まで下るものは含まれていない。溝の方向は魚養塚の形状に一致するように見え、魚養塚の前身の塚の周溝となる可能性がある。

この時期は火葬骨が納められた常滑焼大甕(32ページ)の製作年代に近く、既に信仰施設が存在していたことを示唆する。

(村田)

SK6出土遺物
陶器　口径13・5
室町時代（16世紀）
十輪院所蔵

魚養塚周辺には中世以降に遺構が見られるようになり、14世紀頃と考えられる建物柱穴SP2や16世紀の土坑SK6などがある。十輪院における地蔵信仰の高まりとともに、境内における人の活動が活発化していくことが分かる。記録類にみえる境内の居住地化ともかかわるものであろうか。（村田）

SX4出土遺物

土師器　口径28・0～29・0
江戸時代（19世紀）
十輪院所蔵

魚養塚の南東で検出された埋納遺構SX4からは、未使用の焙烙2枚が合わせ口にして埋納した状態で発見された。地鎮もしくは胞衣《えな》の埋納などに関係する可能性が高く、信仰に基づく行為が魚養塚近辺で行われていたことを示すものである。（村田）

第4章

近世奈良町の都市霊場

第1節
御影供衆と十輪院の再生

中世には地蔵石仏龕《じぞうせきぶつがん》の地蔵堂を中心に、今よりも広域で緩やかな境内域をもっていたと考えられる十輪院は、戦国時代から豊臣政権期の混乱を経て、江戸時代初頭に大きく生まれ変わることになります。この節では、江戸時代における十輪院再生の過程をみていきましょう。

中世末期の荒廃

中世の終わり、戦国時代ころに十輪院は一時的に荒廃していたようです。明確な同時代史料は欠きますが、江戸時代前期の成立と考えられる「十輪院縁起」（16ページ）によれば、「天正〈乙酉〉前大納言秀長入国の季《とき》、寺領悉《ことごと》く没倒《もっとう》す、これにより梵宮破壊《はえ》に臨み、緇徒《しと》飢寒に苦しむ」（天正13年〔1585〕の豊臣秀長の大和入国のときに、寺領をことごとく没収された。これによって堂舎を維持できず大破し、僧侶たちは飢えと寒さに苦しんだ）とあり、天正13年（1585）に大和の国主となった豊臣秀長によって寺領を没収され、堂舎が退転したことを伝えています。

また『奈良坊目拙解《ならぼうもくせっかい》』にも古老の話として「永禄・天正年間、兵士・悪徒等当寺に濫妨《らんぼう》し、経論を奪取し、綱縄として軍用兵具等を縛る、ここにおいて古書・経巻悉《ことごと》く滅亡す、故に経蔵ありといへども、空虚にして書籍経論を貯えず」（永禄～天正年間（16世紀後半）、兵士・悪徒らが当寺に乱暴し、経典・仏教書などを奪い取って綱・縄などにして武具を縛るのに使った。それで経典や古典籍はなくなってしまった。経蔵はあっても空っぽである）という伝承が記されています。秀長の入国や戦乱など中世末期の混乱で十輪院はいったん荒廃したと江戸時代には伝えられていたようです。

実際に豊臣政権は興福寺、春日大社のような大寺社を優遇して寺社領を寄進する一方で、中小の寺社からは所領を没収していたことが知られます。また、十輪院の発掘調査の所見によれば、15世紀に魚養塚《ぎょようづか》に近接して建立された礎石建物が17世紀初頭までに焼失しており、十輪院が当時荒廃していたという伝承と関わる実態がうかがえます。

慶長7年（1602）、徳川家康は「堂舎既に大破に及ぶ」という状況にあった十輪院に、寺領50石の朱印地と寺内薮を寄進しました（96ページ）。家康はこの寺領寄進で、仏法興隆と堂舎の修造を進めるように指示しています。50石の寺領は元興寺、福智院、璉城寺《れんじょうじ》などの奈良内外の13ヶ寺とともに法華寺村、肘塚村《かいのづかむら》のうちに与えられ、以後、十輪院は代々の将軍から安堵を受けることになります（第4章第3節）。

地蔵堂の再興と御影供衆

　この寺領を経済基盤として、以後、堂宇の修造、再建がなされ、境内の整備が行われ、今日につらなる寺観が17世紀前半までに整備されることになります。

　まず進められたのは、寺院としての中核たる本尊・地蔵石仏龕の安置・礼拝形式の整備です。慶長8年（1603）、礼堂（現本堂）が修理され（本堂正面切目長押墨書）、同18年（1613）には地蔵堂（石仏龕覆屋）が再興されました（97ページ）。寛永20年（1643）には十輪院の寺庵の一つ瓦竈《かわらかま》法寿庵の僧生哲《しょうてつ》によって『地蔵講式』も書写されています（107ページ）。地蔵石仏龕自体の修理も、少し遅れて慶安5年（1652）に行われました（105ページ）。

　慶長18年（1613）の地蔵堂再興を行った主体は「当寺御影供衆《みえいくしゅう》」でした。江戸時代初頭の新しい十輪院を運営していたのは、「御影供衆」という真言僧の集団だったのです。

「大十輪院」を構成していた僧侶らのうち、念仏聖が浄土宗興善寺、融通念佛宗法徳寺などとして自立していくなか（第2章第4節）、真言僧らは、「御影供衆」として弘法大師御影供を核として結集し、本尊地蔵石仏龕の再興に努め、十輪院の寺基を受け継いでいったものと考えられます。彼らは、十輪院の惣寺を構成していた法寿庵などの寺庵を拠点に活動していた真言僧の集まりであったと考えられます。

「御影供衆」による寺院運営

　慶長18年棟札では「御影供衆」は14人からなっており、そのうち、順《じゅん》胤房《いんぼう》、円順房、宗円房の3人がこのとき年預《ねんよ》を勤めています。江戸時代前期の十輪院には住持（住職）はおらず、御影供衆の中から交替で勤める年預が寺院を代表していたようです。そのことは、以下の史料からも明らかです。

・寛永9年（1632）に十輪院が本寺興福寺に朱印寺領の石高を報告した際には、差出には「奉行」として俊清房・浄泉房の2人が署名（春日大社文書）。

・同じころの醍醐寺報恩院末寺帳では十輪院の代表者として生盛・実慶・宗辰の３人が書き上げられる（醍醐寺文書）。

・寛文10年（１６７０）の法華寺村・肘塚村の寺領の毛見水帳《けみみずちょう》（104ページ）は「年預」として宗清・春善・専職の３人が作成。

・寛文11年（１６７１）、十輪院町辻《ず》子《し》の家屋敷を「十輪院惣中」として買得（十輪院文書）。

本山に宛てた文書や土地売買の証文など、公式の書類でも、特定の僧侶が住持として代表するのではなく、年預や奉行、ときには惣中として文書が作成されていたことが分かります。住持が明確に置かれる他寺に比べて、十輪院はきわめて中世的な寺院運営のあり方を続けていることが分かります。

慶長18年（１６１３）には18人の真言僧からなっていた「御影供衆」ですが、その後ある程度の整理統合が進められ、１００年余り後の享保年間（１７１６〜１７３６）の時点では法性庵、法幢庵、実相庵、法寿庵、真如庵、円通庵、唯心庵の僧房7庵に集約されました（148ページ）。

この7庵の僧房は境内西側から北側に並んでいました（19ページ）。ここはまさしく寛文9年（１６６９）以降に十輪院が立て続けに買得した十輪院辻子の家屋敷にあたります（111ページ）。この家屋敷が僧房に宛てられたということでしょう。

それ以前は、法寿庵が瓦竈（小西町）に家屋敷を持って医師を営んでいたように（「奈良町北方弐拾五町家職御改帳」）、境外に居住しながら十輪院に勤める僧もいたようです。御影供衆が7庵に統合再編され、その僧房が境内（隣接）地に整えられると、恒常的に7庵の寺僧はここに居住し、「集会所《しゅうえしょ》」を取り囲むように寄り集まるようになりました。江戸時代前半にはこうした「御影供衆」、次いで再編された7庵が、十輪院の惣寺組織「惣中」を構成して年預を中心に十輪院全体を運営していたのです。

ちなみに、慶長18年地蔵堂再興棟札で「御影供衆」の一人としてみえる「順胤房」は、近年円成寺調査で見出された天正18年（１５９０）書写『愛染王秘伝』（98ページ）、元和3年（１６１７）書写『降三世《ごうざんぜ》護摩私《ごまし》記《き》』（99ページ）・『軍荼利《ぐんだり》護摩私記・金剛《こんごう》夜叉《やしゃ》護摩私記』（99・100ページ）などの書写者として確認されます。元和3年書写の後二者は、奥書によれば、十輪院で五壇《ごだん》護摩供が執行されていたときに書写されたと記されており、江戸時代初頭の十輪院の様子を知るうえで貴重な史料です。五壇供で本尊とされた五大明王の彫像や絵像が安置されていたのかは分かりませんが、こうした密教修法が執行されていたことは、当時の十輪院の真言宗寺院としての充実ぶりをうかがわせます。

魚養塚の修造

第2章第4節でも述べた通り、室町時代までの十輪院の境内には、真言僧のみならず、浄土信仰系の念仏聖も境内に草庵を結んでおり、そのなかから、江戸時代初頭に法徳寺は十輪院境内の草庵から、興善寺は十輪院境内にあった阿弥陀・観音・地蔵三尊石仏（102ページ）を守っていた念仏聖の草庵からそれぞれ寺院へと発展していったと考えられます。

江戸時代前期に分離して成立した新しい十輪院と興善寺ですが、『奈《な》良坊目拙解《らぼうもくせっかい》』にその境内域をめぐって興味深い記述があります（103ページ）。それによれば、当初の興善寺には魚《ぎょ》養塚《ようづか》がその境内域に含まれていましたが、境内は道に面しておらず、出入りするには十輪院境内を通る必要があり、そのため「奥寺」と呼ばれていたといいます。しかし、その後争論が起きたため、興善寺境内の魚養塚と十輪院境内南方の畑地とを交換し、興善寺は新しく得た地に十《じゅう》輪院畑町《りんいんはたまち》の通りに出る南門を開き、魚養塚は十輪院に属することになった、というものです。これは『奈良坊目拙解』の記述ですが、興善寺側の寺伝でも、江戸時代後期の「興善寺古過去帳」で同様の記述を確認することができます（101ページ）。

発掘調査成果からはこの伝の信憑性が認められ、魚養塚が分離して興善寺の境内に取り込まれていた可能性が高いことが指摘されています（元興寺文化財研究所２０２１）。そして魚養塚が十輪院に復帰した後、現状の魚養塚が整備されたとみられます。その際、塚内部の石室や、慶安5年（１６５２）の本堂石仏龕整備の際に取り外された線刻石材を用いた荘厳・整備が行われたようです。その頃に成立した十輪院縁起では、魚養が開基の一人として重視されていたことは第1章でみたとおりです。

（服部）

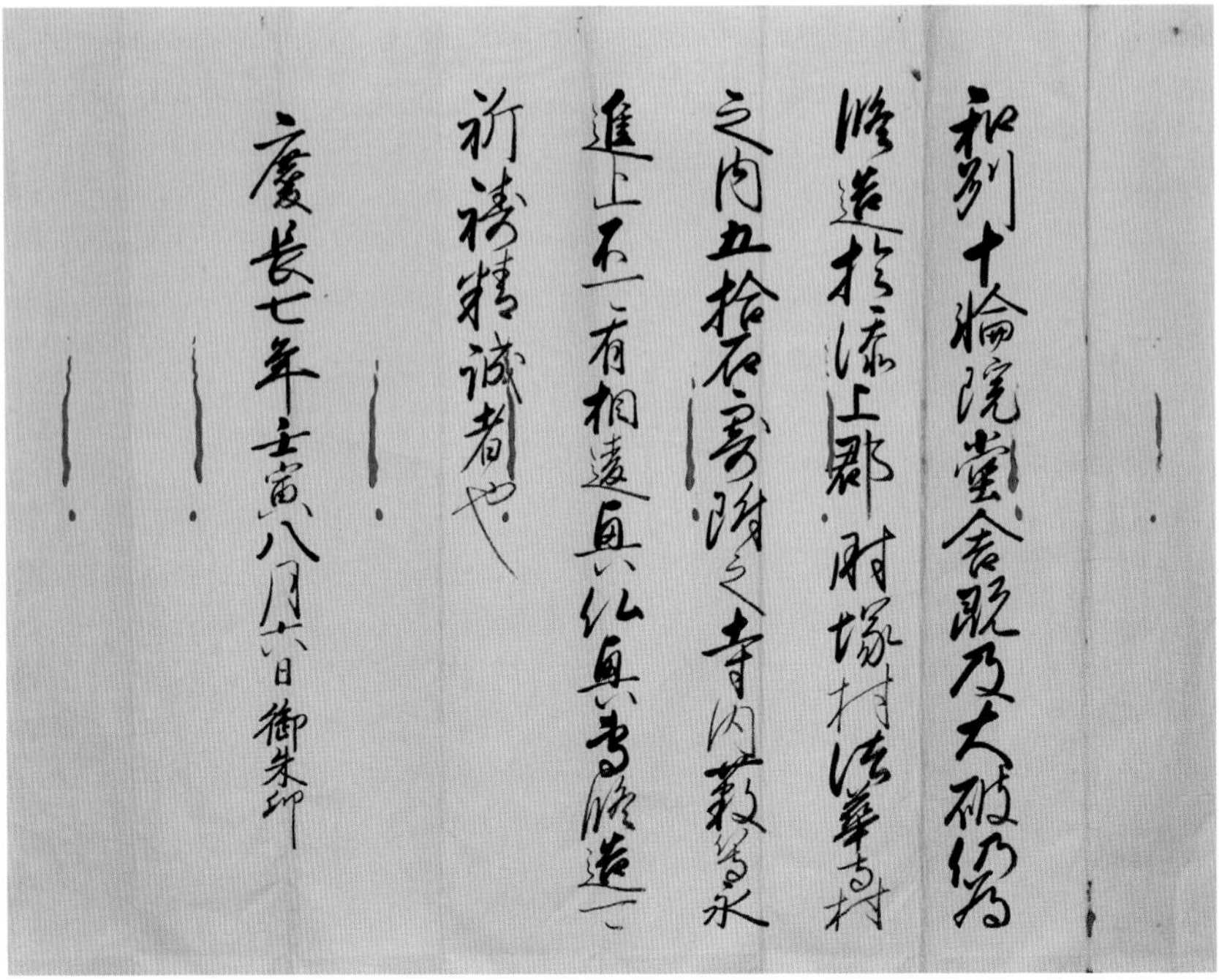
和州十輪院堂舎既及大破、偏
修造於添上郡肘塚村法華寺村
之内五拾石寄附之、寺内薮竹永
進上不可有相違、且仏具、且修造、
祈祷精誠者也
慶長七年壬寅八月六日　御朱印

徳川家康朱印状写　1通

紙本墨書　縦39・6　横52・2
江戸時代（原：慶長7年［1602］）
十輪院所蔵

慶長7年（1602）に徳川家康が十輪院に寺領50石と寺内薮を寄進した朱印状の写しである。家康はこの慶長7年から翌年にかけて大和国の中小の諸寺社に判物《はんもつ》や朱印状で寺社領の寄進を行っており、十輪院宛の本史料もそのうちの一つである。豊臣政権下では十輪院も寺領を没収されたとみられ、諸堂が退転していた。本史料にも「十輪院堂舎既に大破に及ぶ」とあり、寺領をもとにその修造を進め、祈祷に精進することが指示されている。

（服部）

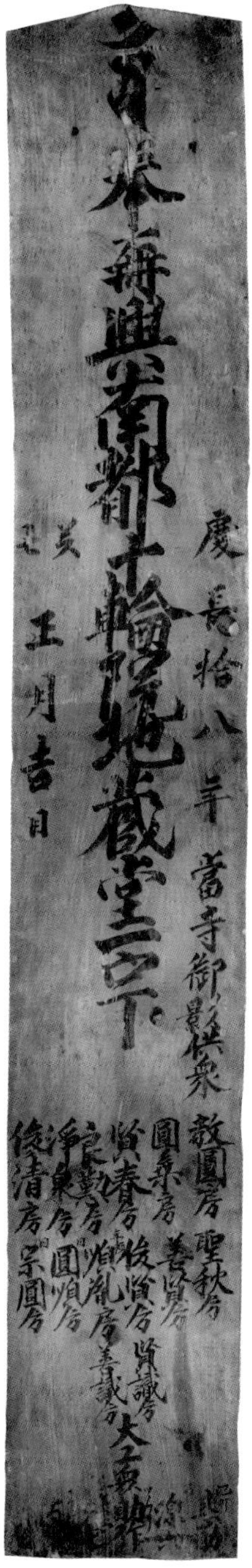

（赤外線撮影）

＊◉地蔵堂再興棟札　1枚

木製墨書　縦148・0　横23・3
慶長18年（1613）
十輪院所蔵

慶長18年（1613）に十輪院地蔵堂が再興された際の棟札である。地蔵堂は現本堂（礼堂）ではなく、地蔵石仏龕を祀る覆堂《おおいどう》のことである。再興を行ったのは「当寺御影供衆《みえいくしゅう》」という14人の真言僧からなる集団であり、江戸時代初頭の十輪院では、特定の住持（住職）を置かず、年預《ねんよ》を中心に「御影供衆」という組織によって運営されていたことを示す。池町、南市、角振《つのふり》、橋本など猿沢池近辺の町に住む大工によって普請が担われたことも下部に記されている。（服部）

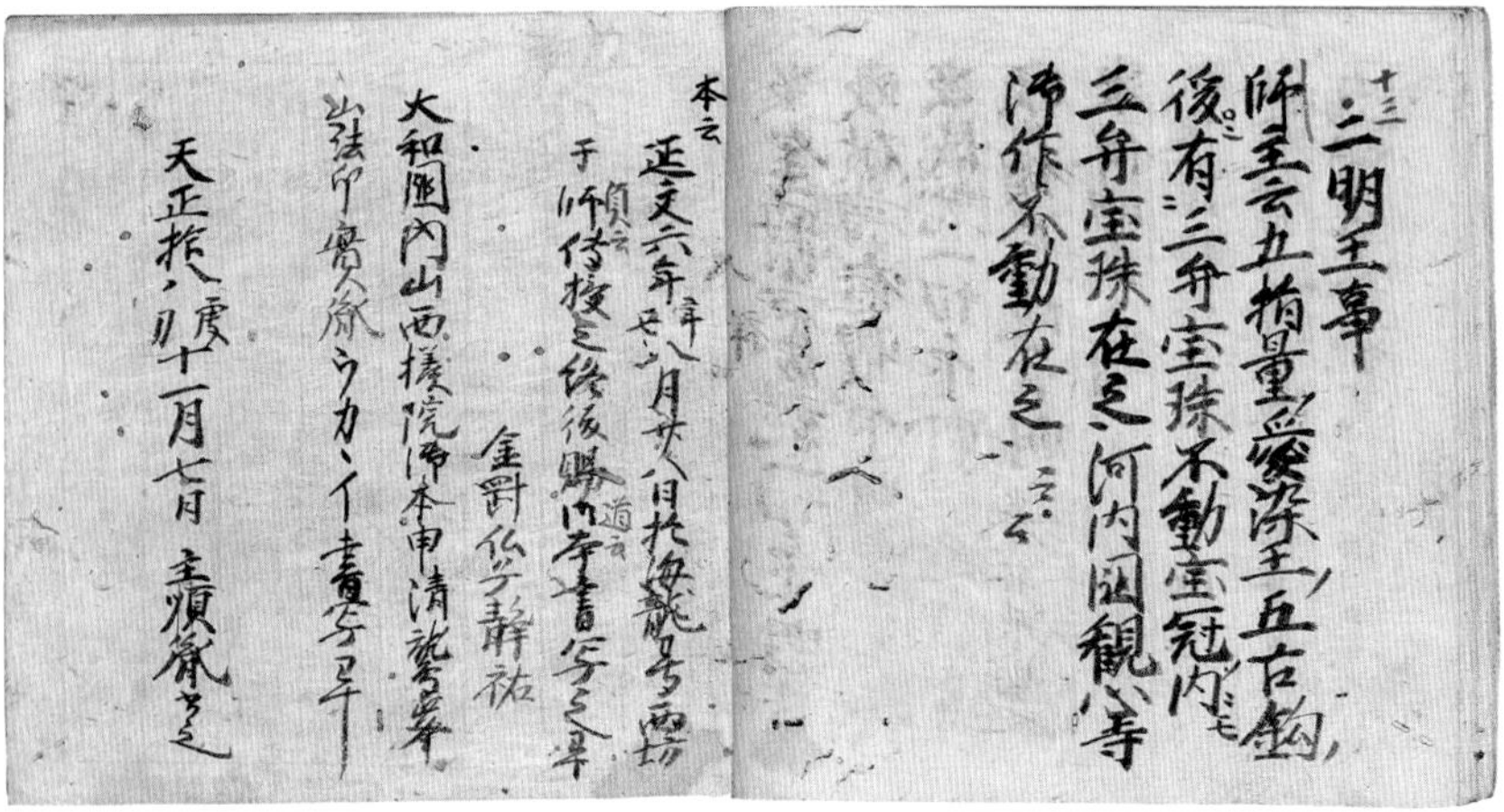

（奥書）

愛染王秘伝　1帖

紙本墨書　縦16・3 横15・9
天正18年（1590）
円成寺所蔵

天正18年（1590）に順胤によって書写された三宝院流 聖教《しょうぎょう》で、愛染明王に関する秘伝が13項目にわたって述べられている。順胤は、慶長18年（1613）「地蔵堂再興棟札」（97ページ）に年預として見える僧侶である。

現在、忍辱山円成寺《にんにくせんえんじょうじ》所蔵であるが、他にも十輪院から円成寺へ移された聖教があり、19世紀後半に円成寺より十輪院へ入った快助《かいじょ》などの関与も考えられる。（三宅）

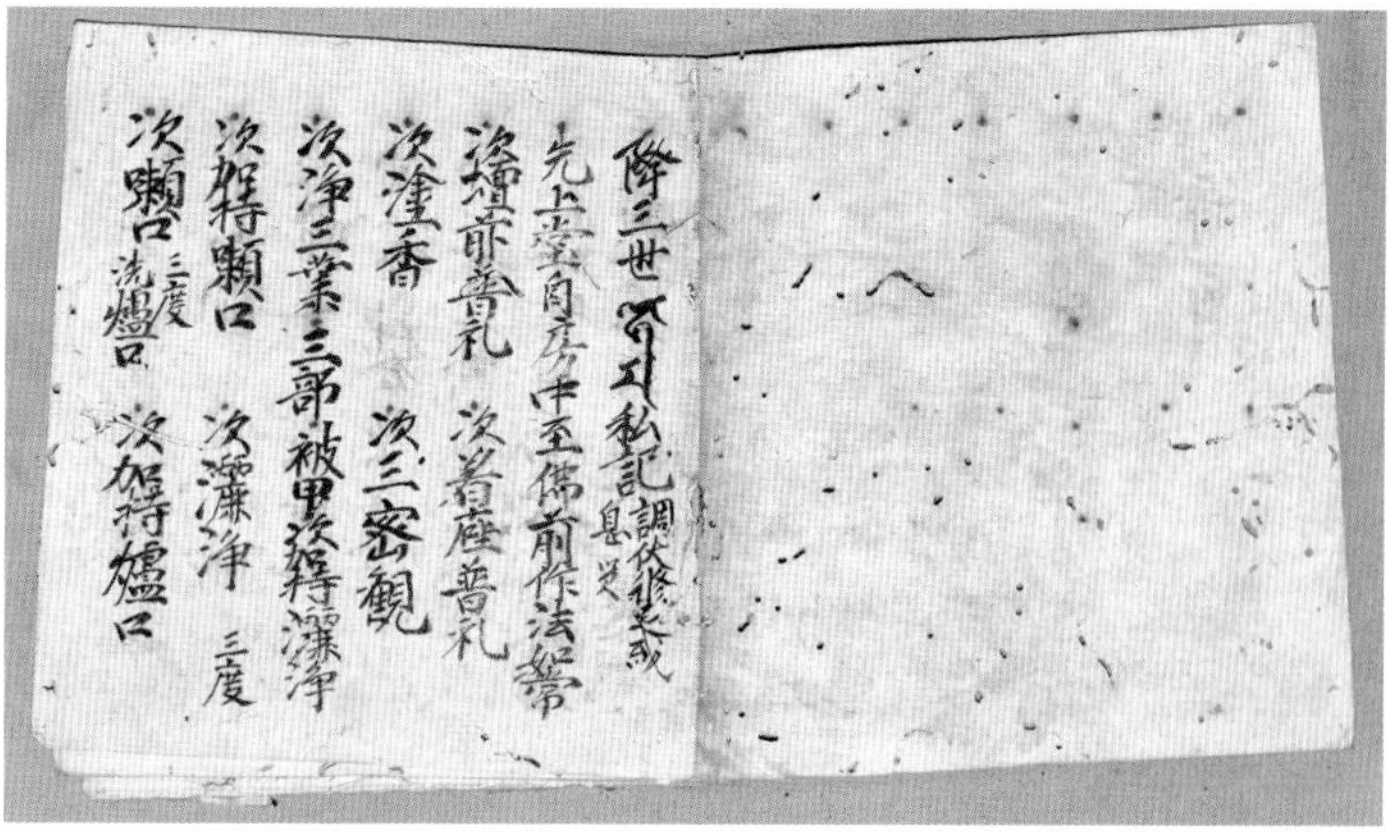

（降三世護摩私記・冒頭）

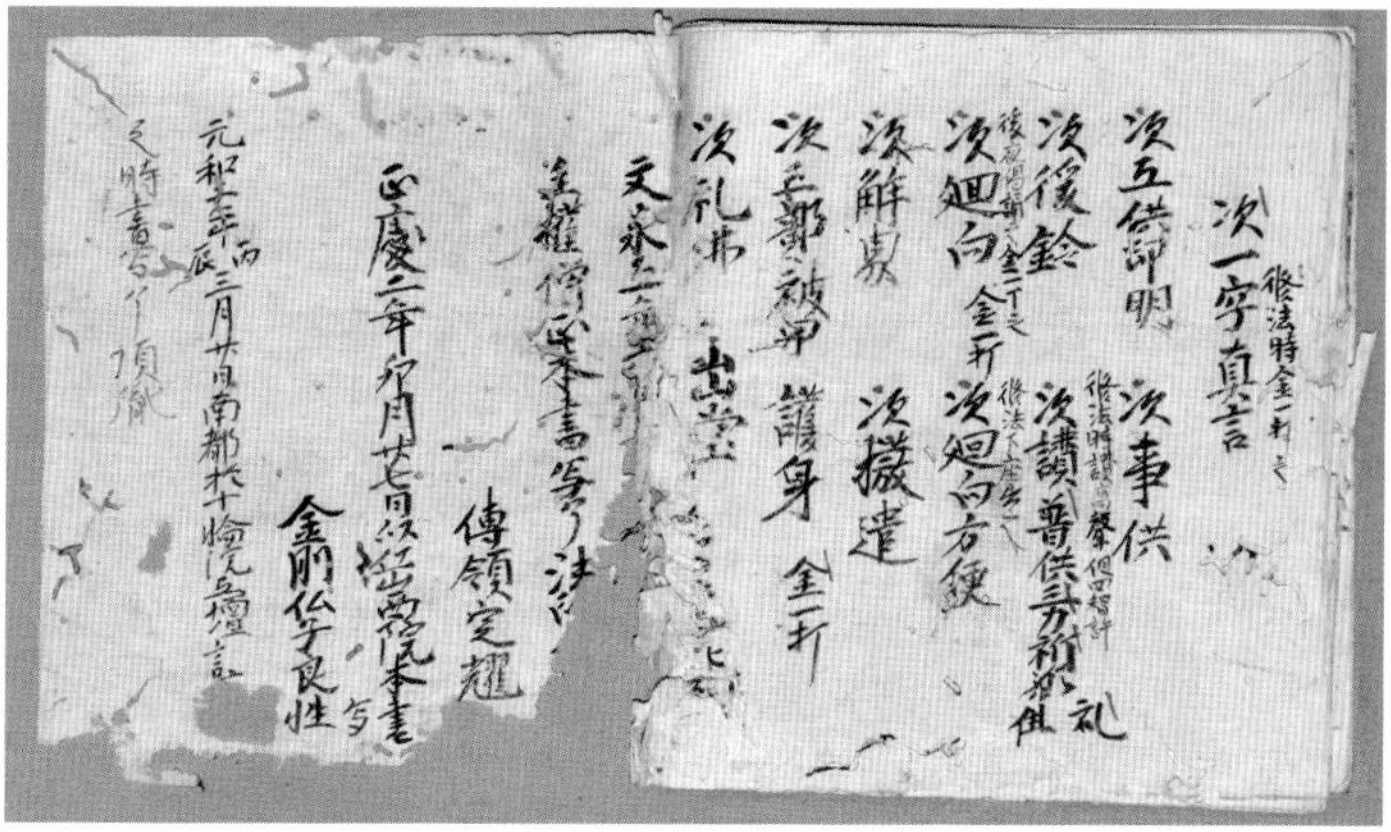

（降三世護摩私記・奥書）

降三世護摩私記　1帖

紙本墨書　縦16・4　横15・6
元和2年（1616）円成寺所蔵

軍荼利護摩私記・金剛夜叉護摩私記　1帖

紙本墨書　縦16・4　横15・6
元和2年（1616）
円成寺所蔵

元和2年（1616）に十輪院で五壇護摩供が修された際に順胤が書写した聖教である。五壇護摩供とは、五大明王をそれぞれの壇に祀って執行する法会である。弘法大師の正命日である3月21日の前日に行われており、当時、「御影供衆」である真言僧によって正御影供に合わせて執行されたのであろう。真言僧らの結集拠点化を進めていた当時の十輪院の宗教活動を示している。（三宅）

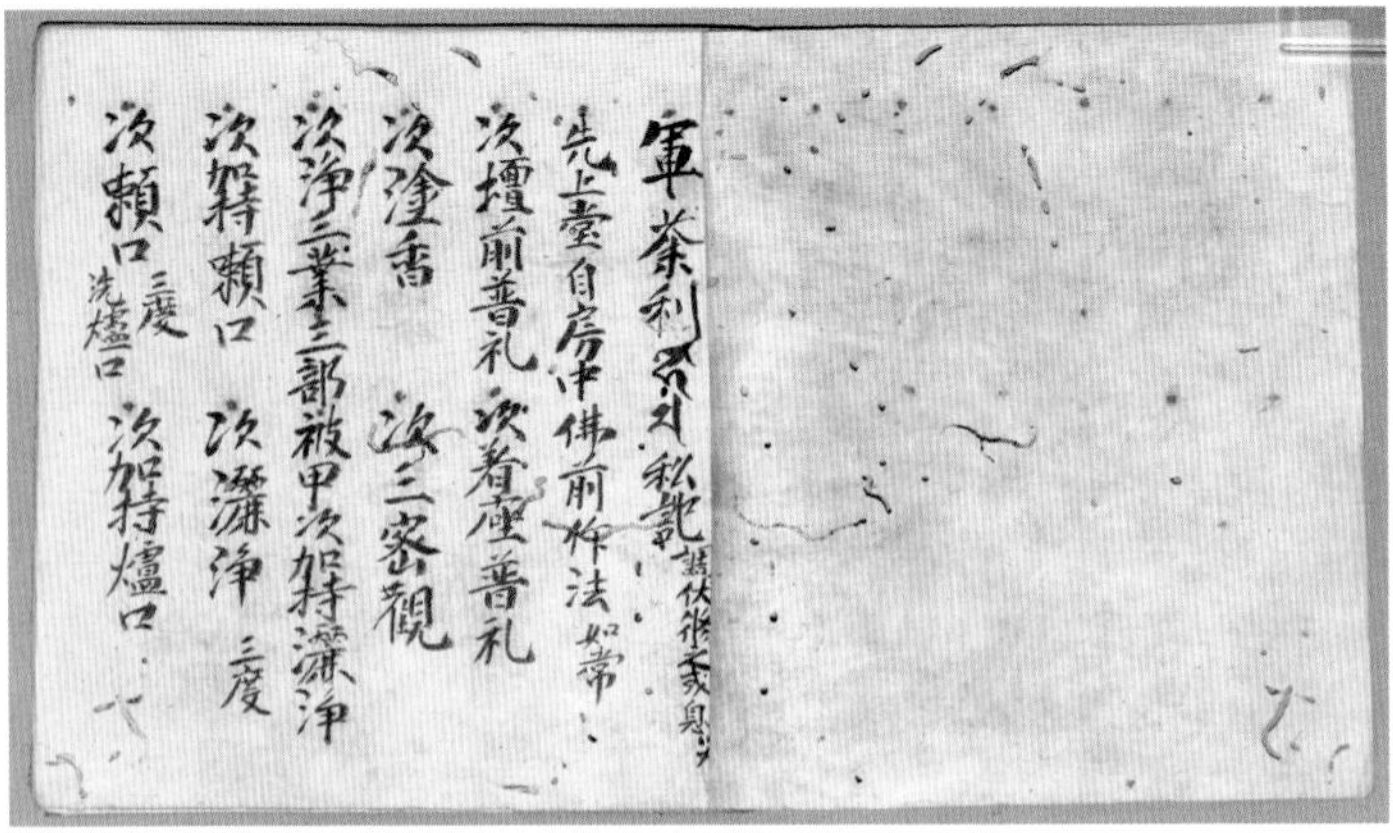
(軍荼利護摩私記・冒頭)

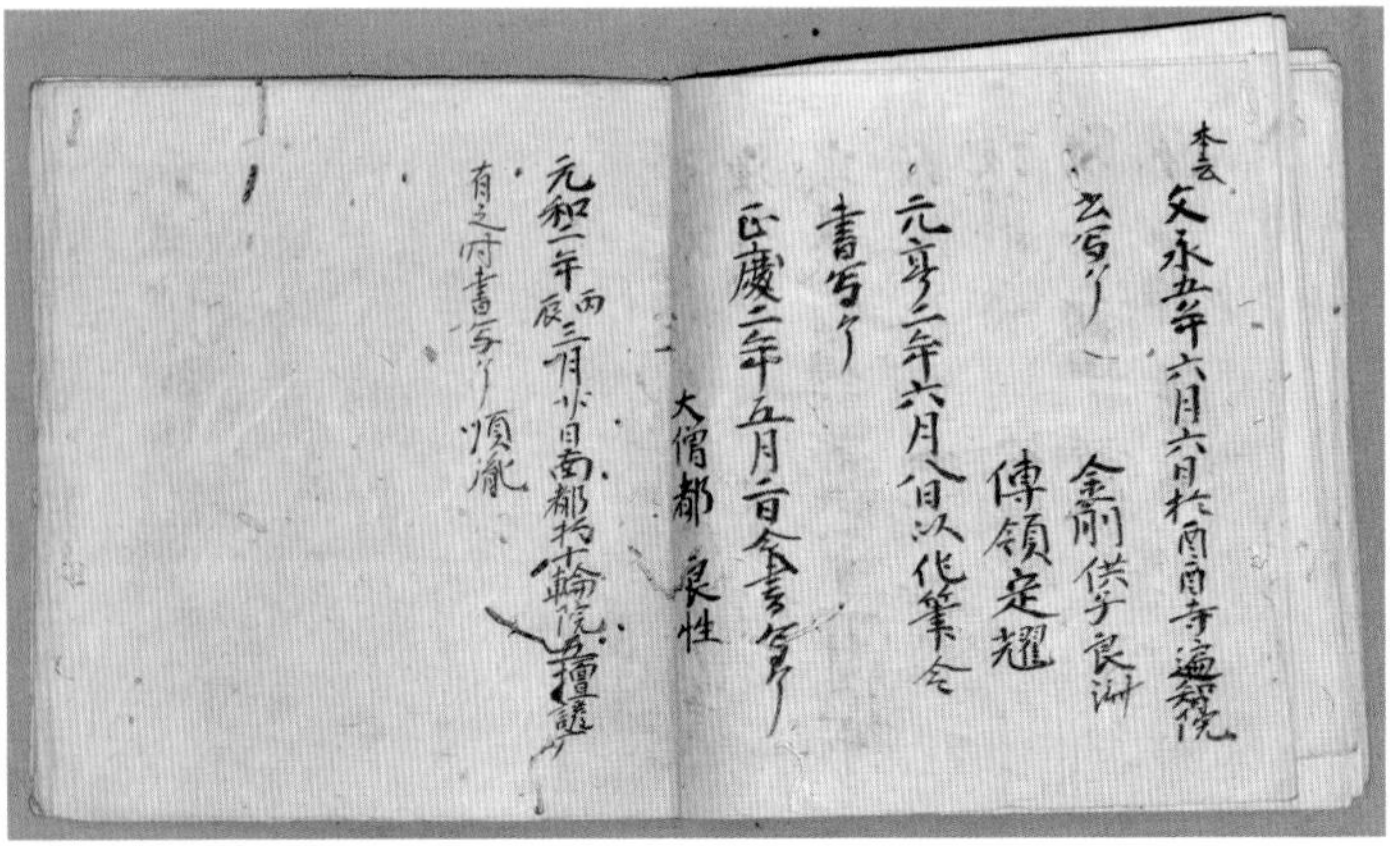
(軍荼利護摩私記・奥書)

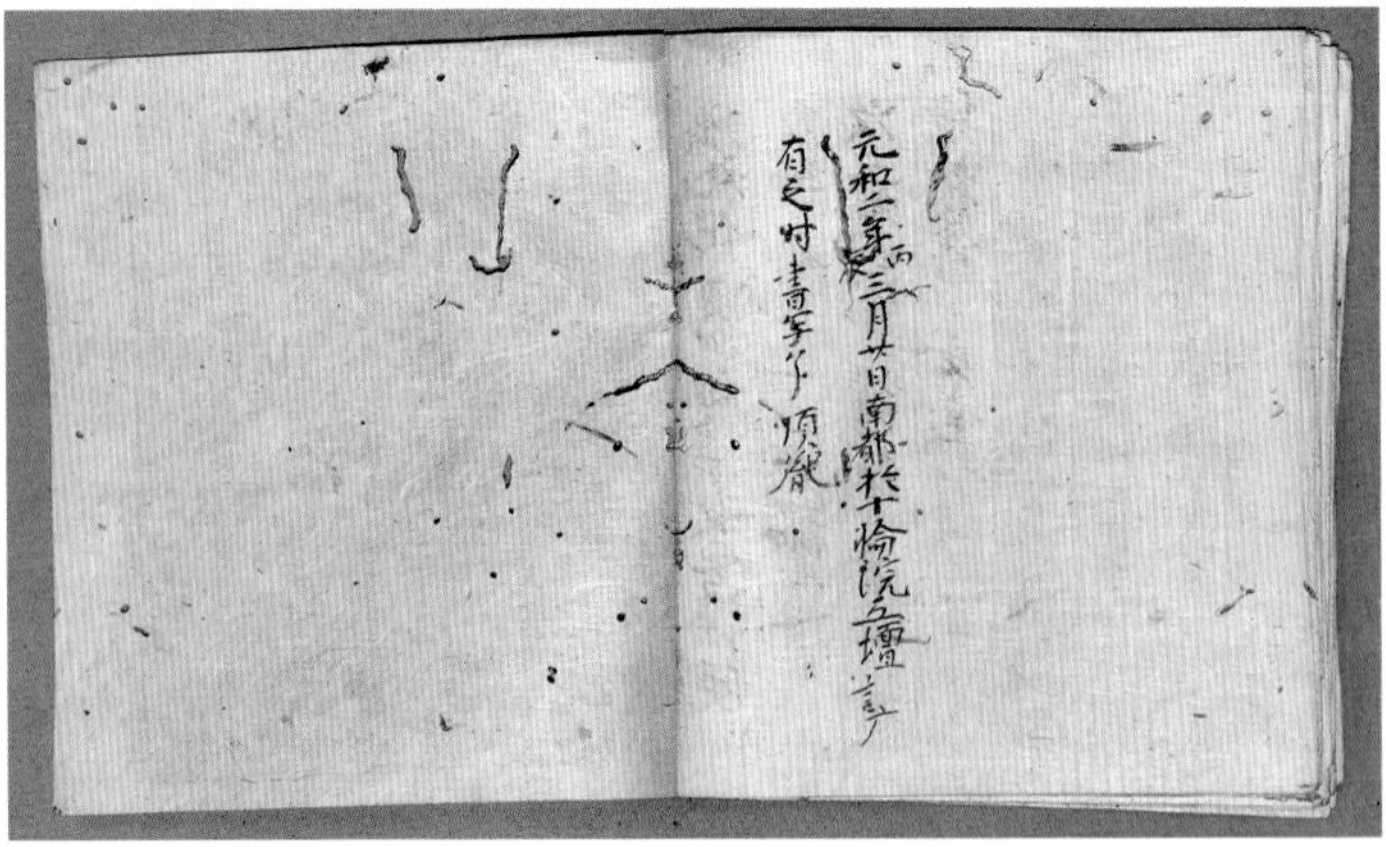
(金剛夜叉護摩私記・奥書)

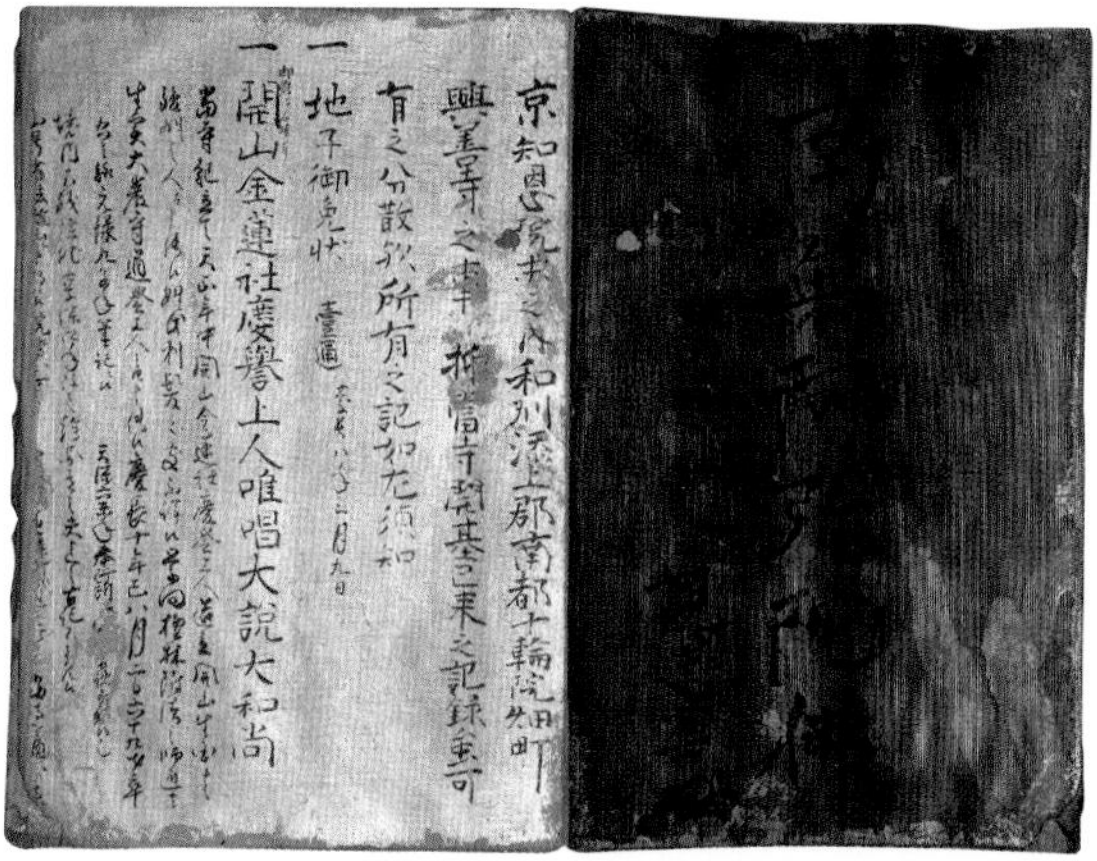

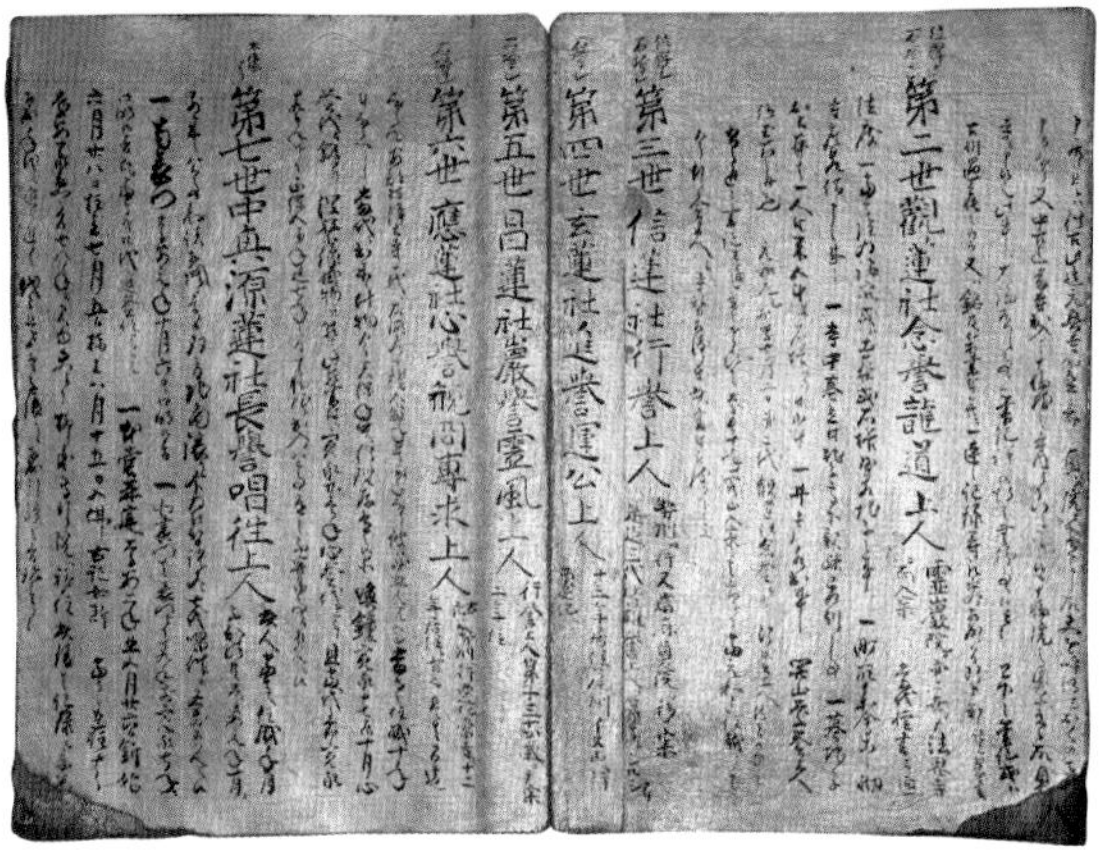

興善寺古過去帳　　1冊

紙本墨書　縦26・3　横17・2
江戸時代（19世紀）
興善寺所蔵

十輪院の東隣に位置する、十輪院《じゅうりんいん》畑町《はたまち》の浄土宗寺院・興善寺に伝えられる過去帳である。第1世慶誉上人（慶長10年〔1605〕入寂）から第14世観誉上人（天保3年〔1832〕入寂）までの歴代住持の事績と、寛永14年（1637）から享保13年（1728）の檀信徒の過去霊名が記される。第1世慶誉上人の事績に、興善寺の別名「奥寺」の由来として、元興寺の奥之院であったという説、十輪院の境内を通って出入りしていたためという説などを挙げて説明している。（服部）

*阿弥陀・観音・地蔵三尊石仏

1軀

石造　総高111・0　像高96・5
幅74・0　厚26・0
室町時代
興善寺所蔵

十輪院の東隣に位置する浄土宗寺院・興善寺の納骨堂本尊である。阿弥陀如来立像を中尊とし、観音・地蔵を脇侍とする。法然自筆書状などが像内から発見されたことで知られる、現在の本尊である木彫の阿弥陀如来立像が天正17年（1589）頃に東山中から興善寺にもたらされる以前は、この石仏が本尊であったと伝えられる。『奈良坊目拙解』によればもともと十輪院境内にあり、本像を守る草庵が興善寺の前身であったという。江戸時代には興善寺観音堂の水手向《みずたむ》け場に安置されていた。

（服部）

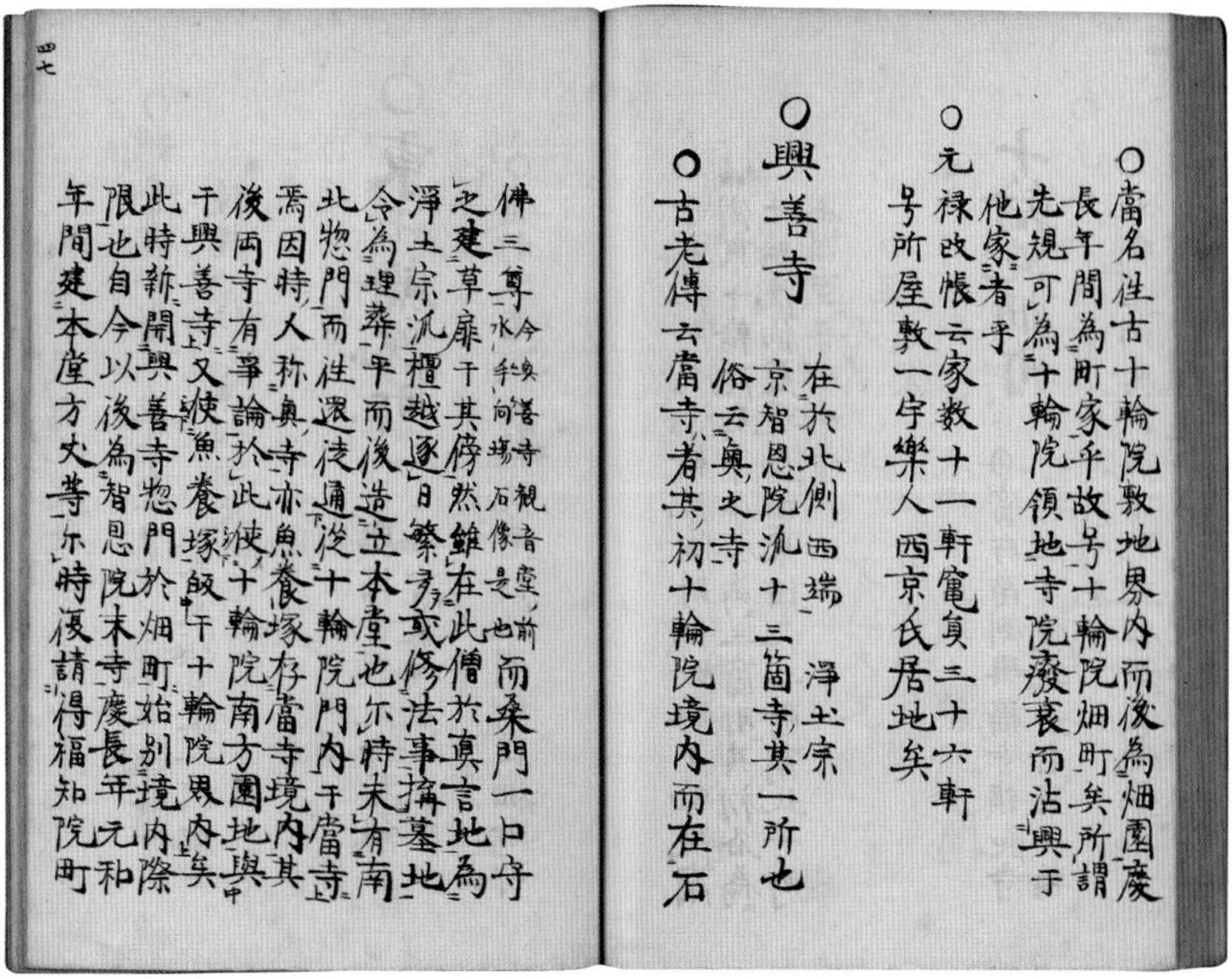

＊奈良坊目拙解　巻六　　1冊
紙本墨書　縦23・9　横16・4
江戸時代（18～19世紀）
奈良県立図書情報館所蔵

享保15年（1730）頃に成立した江戸時代奈良町の地誌である。十輪院畑町の「興善寺」の項に同寺の成立に関わる伝承が詳細に記されている。興善寺の開創については、十輪院境内にあった阿弥陀石仏（102㌻）を守る草庵に檀越が集まり、墓地が営まれて寺院として整備されていったという。また、興善寺は門が無く十輪院境内からしか出入りできなかったが、興善寺境内に組み込まれていた魚養塚と、十輪院境内の南の畑地を交換したとも記される。興善寺が十輪院と密接不可分に関わって成立してきたことがうかがえる。

（服部）

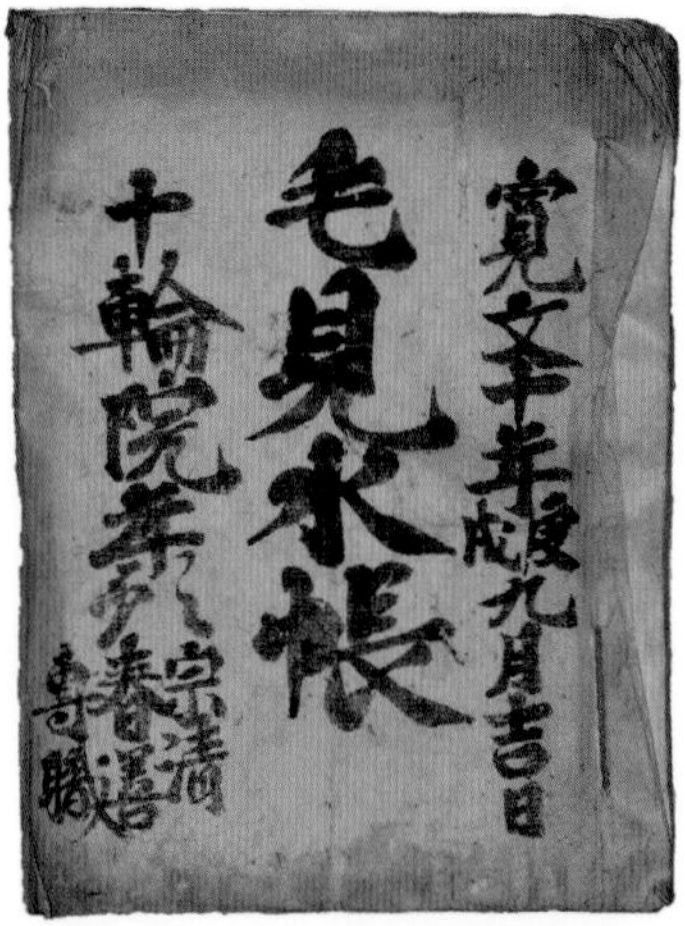

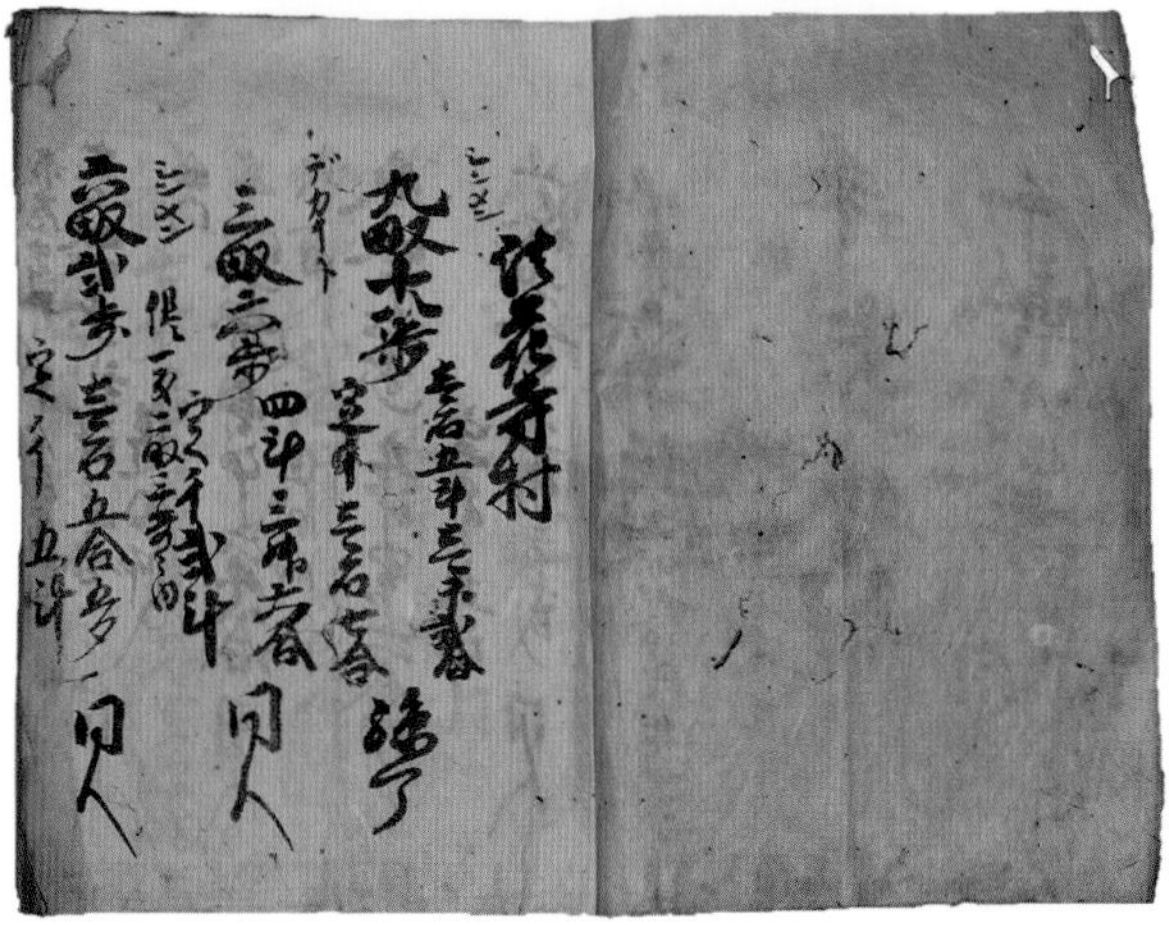

毛見水帳　1冊

紙本墨書　縦30・1 横22・4
寛文10年（1670）
十輪院所蔵

江戸時代の肘塚村・法華寺村にあった十輪院領の検見《けみ》帳《ちょう》である。法華寺村33石8斗余、肘塚村16石2斗余の田畠について、所在地の字、土地面積、石高、定米《じょうまい》、名請人《なうけにん》が書き上げられている。表紙に本帳の作成者として、「十輪院年預　宗清・春善・専職」とあるのは注目される。年預は惣寺組織「御影供衆《みえいくしゅう》」「十輪院惣中」の代表者であり、江戸時代前期の十輪院の運営方法の一端を知ることができる史料である。（服部）

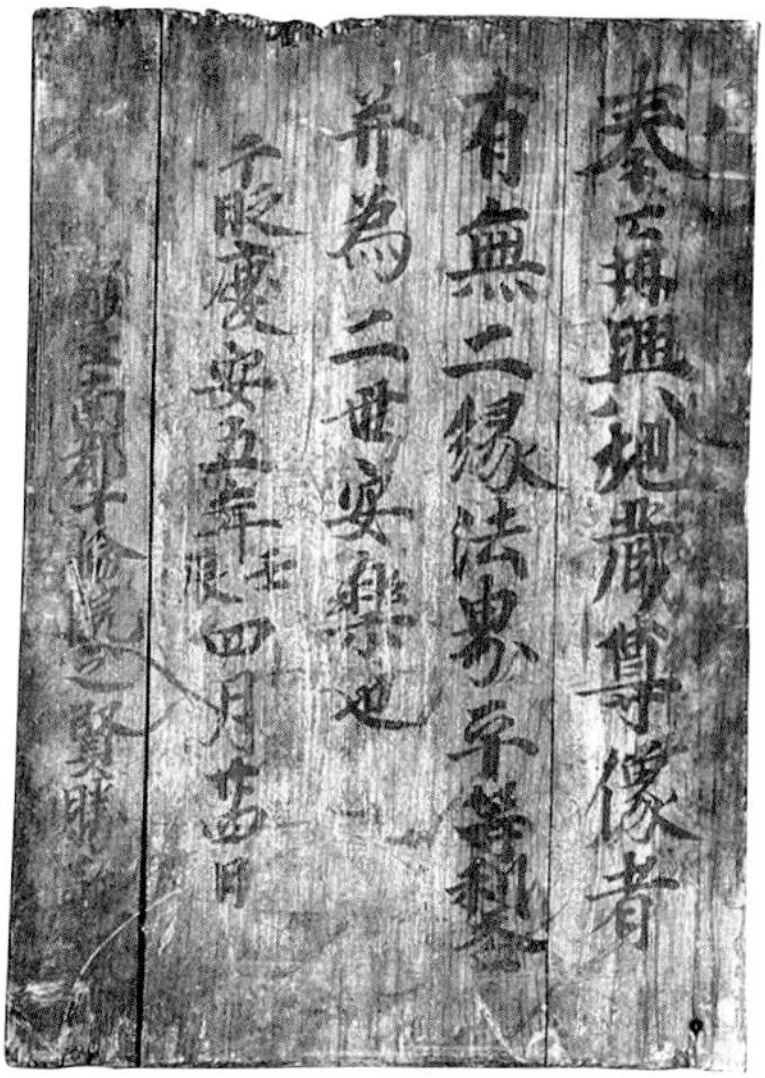

（表）

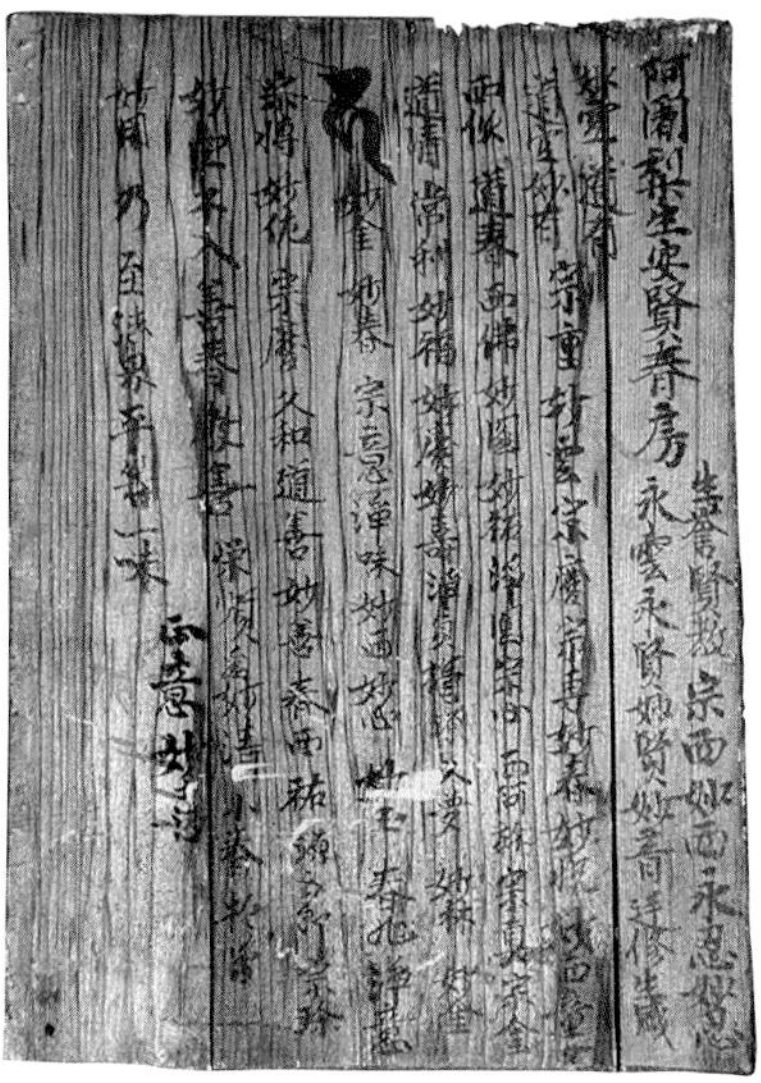

（裏）

地蔵菩薩像再興木札　1枚

木製墨書　縦31・9　横22・7　厚1・4
慶安5年（1652）
十輪院所蔵

慶安5年（1652）4月24日に、十輪院の僧賢勝を願主として、地蔵石仏龕が再興されたときの供養札である。裏面には慶長18年（1613）地蔵堂再興棟札（97ページ）で「御影供衆」の一人としてみえる賢春房ら十輪院僧侶のほか、阿弥号、俗名、俗人の戒名などが記され、73名の僧俗の名が記される。これは「為妙清」などという表記や「逆修」という文言もあることから、地蔵菩薩再興にあたって結縁し、追善または生前の逆修供養の対象者であったと考えられる。多くの結縁者を得て行われたこの修理は大がかりなもので、現状の地蔵石仏龕はこのとき成立したと考えられている。（服部）

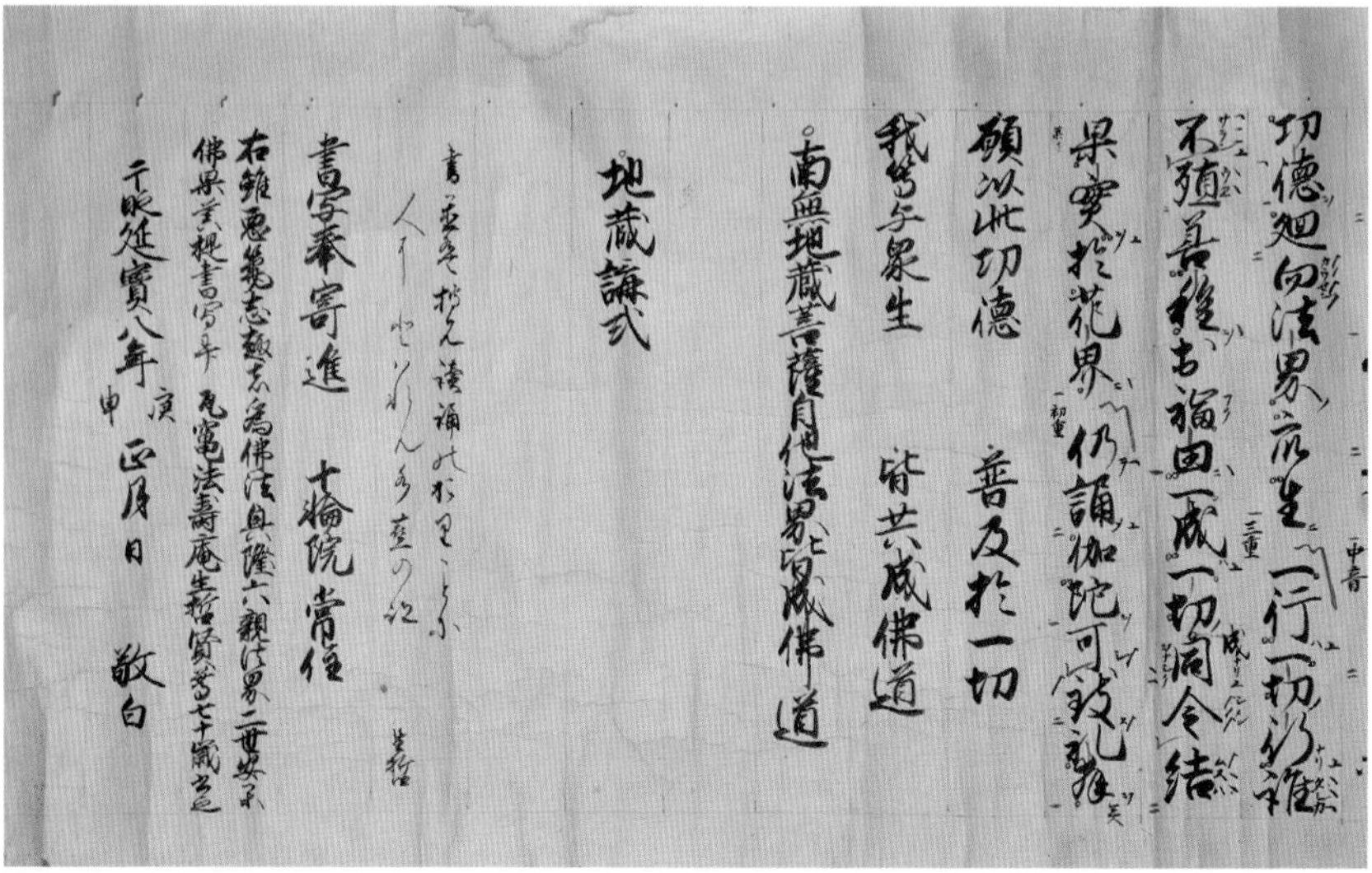

（巻尾）

地蔵講式

１巻

紙本墨書（第2紙）縦34・2　横48・8
延宝8年（1680）
十輪院所蔵

延宝8年（1680）、瓦竈法寿庵の賢尊生哲が70歳の時に、仏法興隆などを願い書写し十輪院に寄進した講式である。現在「奉寄進／十輪院地蔵講式箱」と陰刻されている木箱に収められているが、この箱も生哲によるものとみられる。漢字の読み仮名などに博士（楽譜）が付されており、節付きで読まれていたことが知られる。巻尾には奥書の他に生哲が詠んだ和歌「書置《かきおか》ば披見読誦のおりごとに　人にとはれん水茎《みずくき》の跡」が記されている。

（三宅）

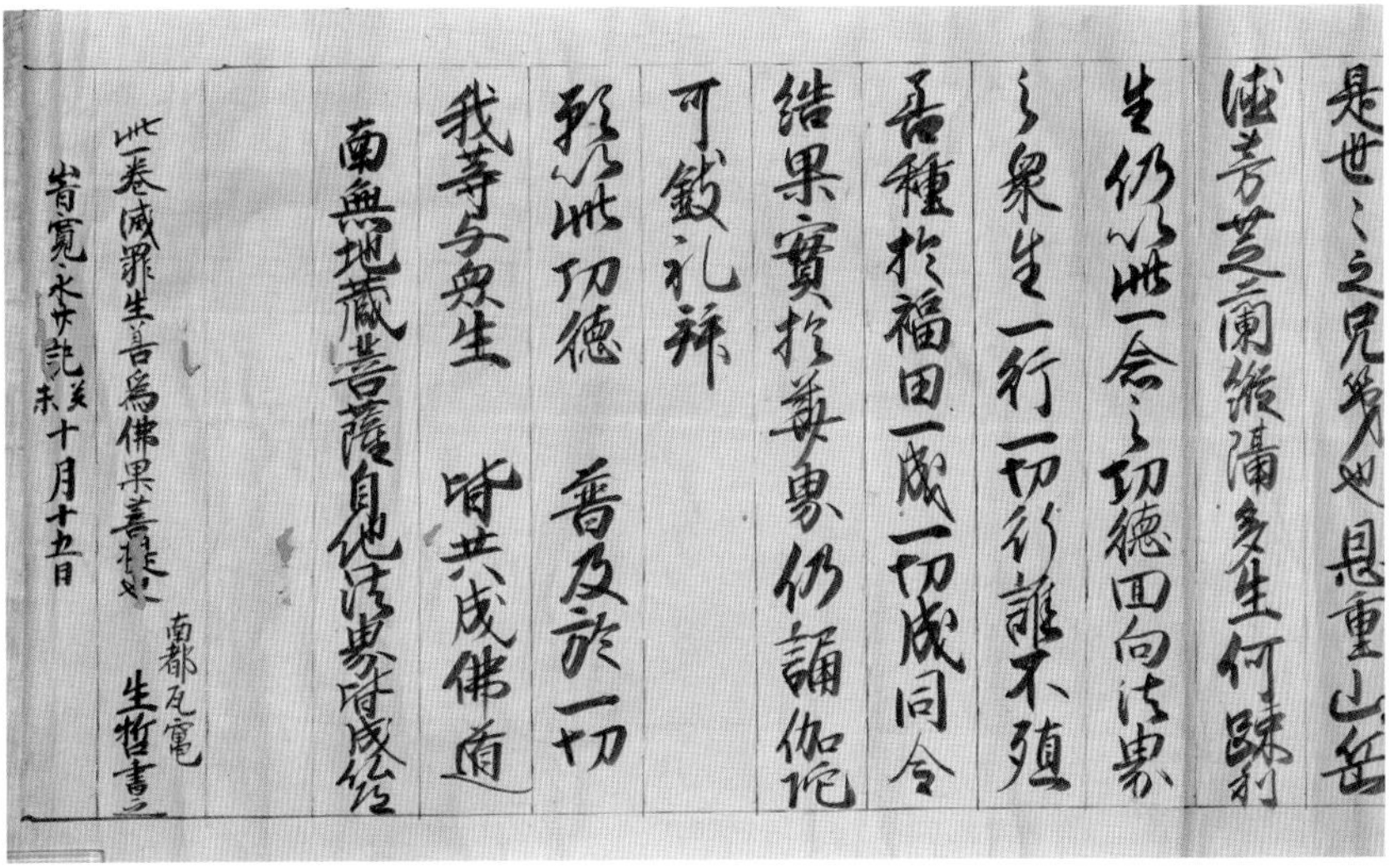

（巻尾）

地蔵講式

1巻

紙本墨書（第2紙）縦25・4 横35・5
寛永20年（1643）
円成寺所蔵

寛永20年（1643）、生哲が33歳の時に、滅罪生善仏果菩提のために書写したもので、現在は円成寺所蔵である。文中数行に仮名と博士が付されているのみでほぼ白文であるため、読誦《どくじゅ》に用いられたのではなく奉納されたものとみられる。生哲は37年後に再び『地蔵講式』（106ページ）を書写しており、その際すでに本講式が十輪院外にあった可能性もある。

生哲33歳書写本と70歳書写本は同じ構成の講式であるが、本文に少々異同が見られるので底本は異なるのではないかと考えられる。（三宅）

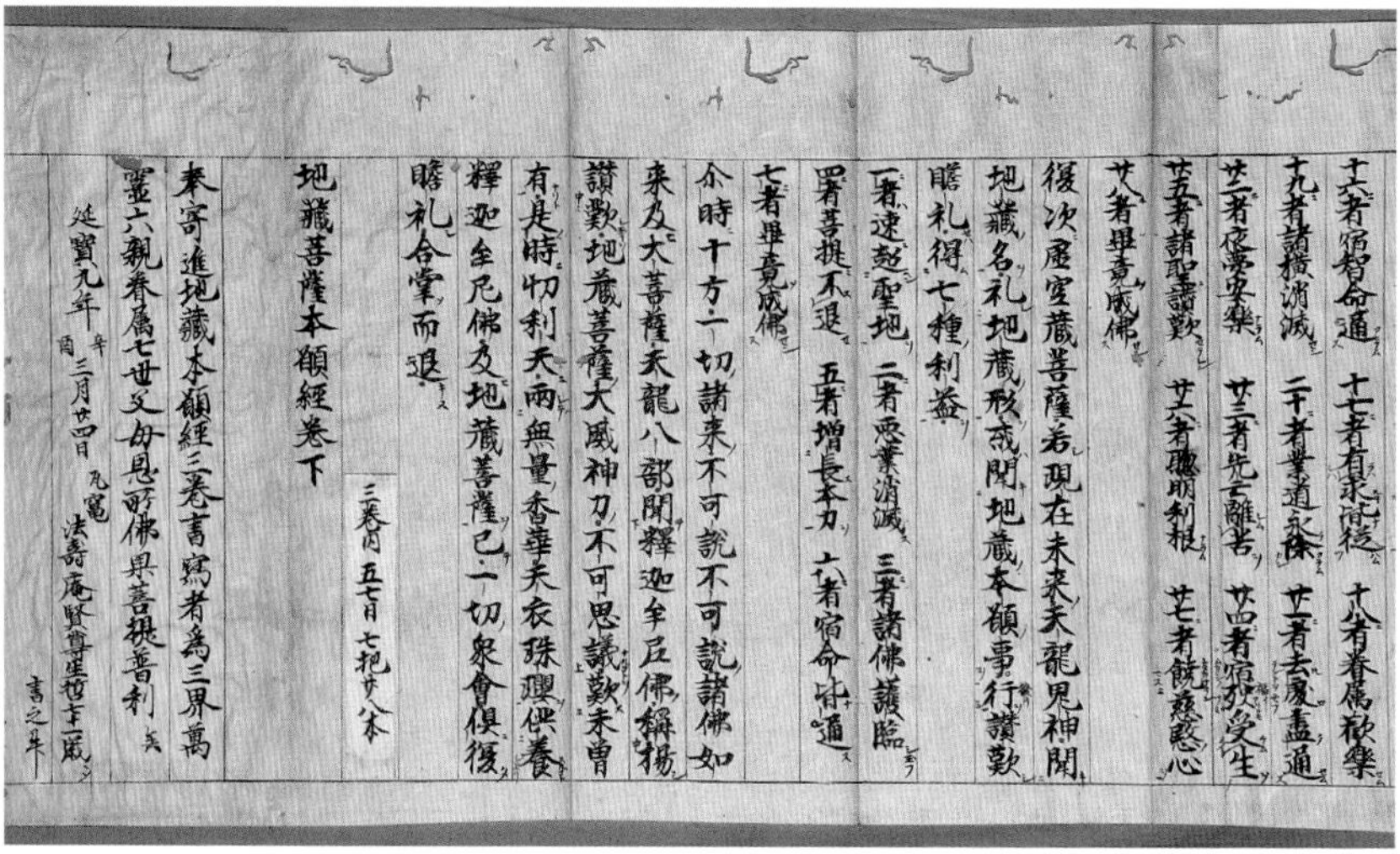
十六者宿智命通　十七者有求皆従　十八者眷属歓楽
十九者諸横消滅　二十者業道永除　廿一者去処尽通
廿二者夜夢安楽　廿三者先亡離苦　廿四者宿福受生
廿五者諸聖讃歎　廿六者聡明利根　廿七者饒慈愍心
廿八者畢竟成佛
復次虚空蔵菩薩若現在未来天龍鬼神聞
地蔵名礼地蔵形或聞地蔵本願事行讃歎
瞻礼得七種利益
一者速超聖地　二者悪業消滅　三者諸佛護臨
四者菩提不退　五者増長本力　六者宿命皆通
七者畢竟成佛
爾時十方一切諸来不可説不可説諸佛如
来及大菩薩天龍八部聞釈迦牟尼佛称揚
讃歎地蔵菩薩大威神力不可思議歎未曽
有是時忉利天雨無量香華天衣珠瓔供養
釈迦牟尼佛及地蔵菩薩已一切衆会倶復
瞻礼合掌而退
三巻内　五七日　七把廿八本
地蔵菩薩本願経巻下
奉寄進地蔵本願経三巻書写者為三界万
霊六親眷属七世父母恩所佛果菩提普利矣
延寳九年辛酉三月廿四日　乙亀　法寿庵賢尊生哲七十一歳　書之

（巻尾）

地蔵菩薩本願経　3帖

紙本墨書
（巻上第3紙）縦27・4　横46・9
延宝9年（1681）
十輪院所蔵

生哲が71歳の時、三界万霊・六親眷属《けんぞく》・七世父母の恩のために書写し、十輪院に寄進したものである。書写は延宝9年3月24日、収めた箱の蓋裏の銘文は6月24日付となっている。外題《げだい》下には三帖とも「五七日」とあり、『地蔵十王経』などに説かれる閻魔王を想起させる。中国明代の僧智旭《ちぎょく》編『閲蔵知津総目録《えつぞうちしんそうもくろく》』によれば「地蔵菩薩本願経〈二巻。流通本作三巻。〉」とあり、一切経《いっさいきょう》本は2巻、流布本は3巻として行われていたようで、3巻本の本経は流布本を書写したものと考えられる。

（三宅）

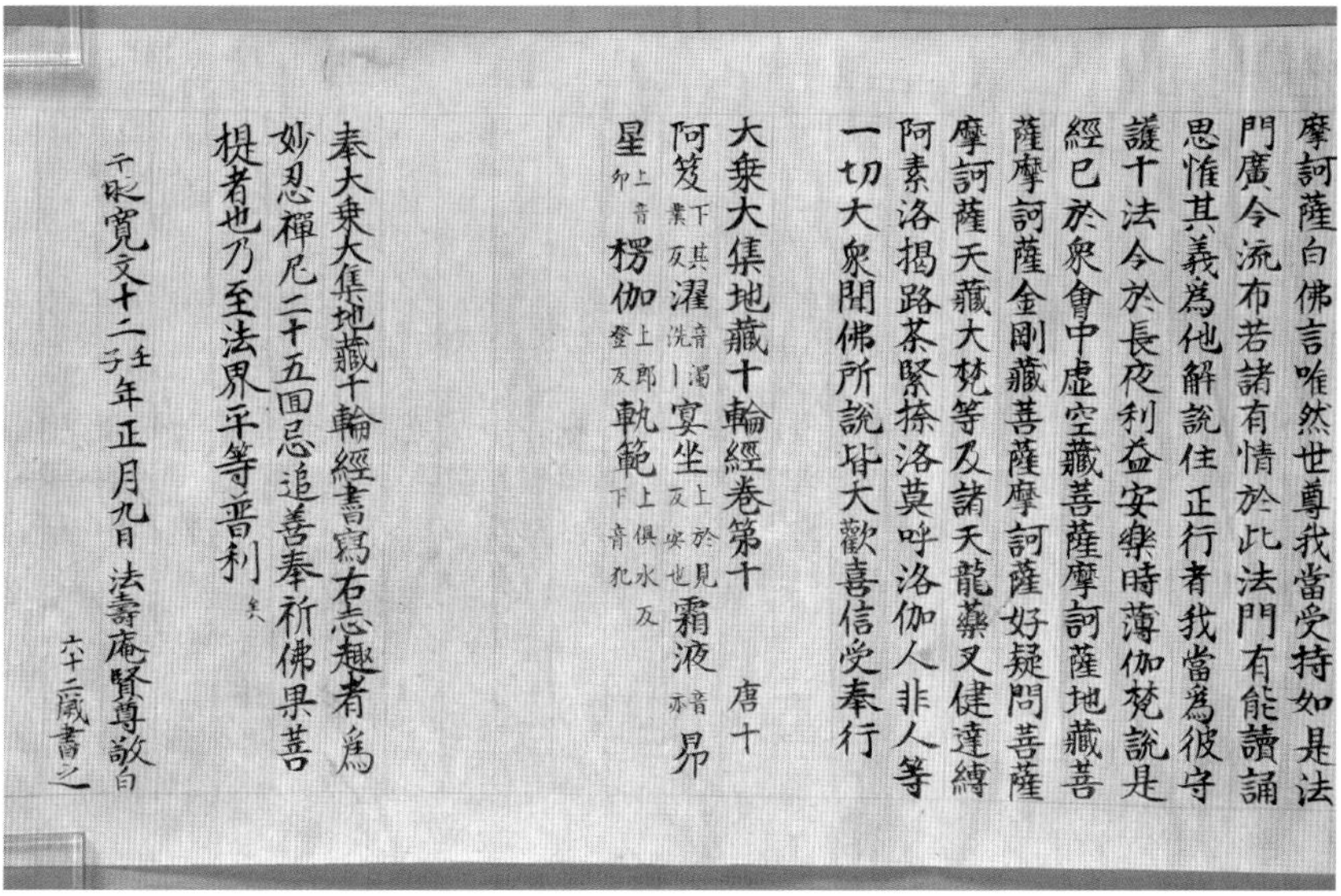
摩訶薩白佛言唯然世尊我當受持如是法
門廣令流布若諸有情於此法門有能讀誦
思惟其義為他解說住正行者我當為彼守
護十法令於長夜利益安樂時薄伽梵說是
經已於衆會中虛空藏菩薩摩訶薩地藏菩
薩摩訶薩金剛藏菩薩摩訶薩好疑問菩薩
摩訶薩天藏大梵等及諸天龍藥叉健達縛
阿素洛揭路茶緊捺洛莫呼洛伽人非人等
一切大衆聞佛所說皆大歡喜信受奉行
大乘大集地藏十輪經巻第十　唐十
阿笈下其業反　澀音濁洗　宴坐上於見反安也　霜液音亦　昻
星上音卯　楞伽上郎登反　軌範上俱水反下音犯
奉大乘大集地藏十輪經書寫右志趣者為
妙忍禅尼二十五回忌追善奉祈佛果菩
提者也乃至法界平等普利矣
于時寛文十二壬子年正月九日　法壽庵賢尊敬白
六十二歳書之

（巻尾）

大乘大集地藏十輪経　10巻

紙本墨書
（巻第1第2紙）縦29・1　横38・2
寛文12年（1672）
十輪院所蔵

生哲が62歳の時、妙忍禅尼という尼僧の25回忌にあたってその追善のために書写した経巻である。中国元代に開版された普寧寺版《ふねいじばん》を写したとみられている。巻子本で木箱に収められているが、その箱蓋裏には生哲の願文が記されている。十輪院に現存する生哲書写の聖教はすべて専用の木箱に収められており、丁重に扱われていたようである。経名にある「十輪」が十輪院の名の由来であろう。

（三宅）

第2節　十輪院町と十輪院

十輪院郷・桶井郷から十輪院町へ

　十輪院が位置するのは奈良市十輪院町です。町名は文字通り十輪院に由来しますが、同様に十輪院に由来する町名としては十輪院町の東側に位置する十輪院畑町や東十輪院町（現紀寺町）もあり、『奈良《なら》坊目拙解《ぼうもくせっかい》』にはこの3町がかつて十輪院の境内だったと伝えています。同書によると中世末期から江戸時代初頭にかけて一度、十輪院周辺には畑が広がった時期があったといいます。

　十輪院周辺は中世には西桶井郷、東桶井郷あるいは十輪院郷といった郷があったことが確認されます。元亀3年（1572）の「小五月郷間別被改打事」（国立公文書館所蔵）によると、西桶井郷の南北あわせた間数54間5尺のうち、31間2尺5寸が「畠」とされており、中世末期の十輪院周辺は畑が広がっていたことを示しています。中世末期に十輪院が衰微する中で境内地が畑地に転化され、さらにその畑地が町場化して十輪院町や十輪院畑町が成立したと考えられます。中世の十輪院郷・桶井郷から江戸時代の十輪院町・十輪院畑町・東十輪院町への移行には、十輪院境内域の変化に対応した大きな再編があったと考えられますが、詳細は分かりません。

十輪院町の様相

　江戸時代前期の十輪院町の様相を窺える史料として寛文10年（1670）の「間数并商売改之帳」（114ページ）があります。家屋敷の位置の記載はありませんが、居住者たちの名前と職業が記載され、町内には大家34軒、借家8軒があり、奈良の特産品である奈良晒や甲冑に関わる職人・商人も居住していました。

　居住者たちの共同体である町の運営を担っていたのが、年寄と月行事という町役人で、「間数并商売改之帳」の末尾にも年寄と月行事が署名しています。当時の町内に会所はなかったようですが、約100年後の明和9年（1772）には十輪院の西に会所が存在していました。

　その明和9年の「家別間数并町役改帳」（十輪院町旧蔵文書）には家屋敷の位置や購入年が明記されます。購入年の多くは享保年間（1716～36）以降で、家屋敷の所有者は寛文10年段階から相当変遷しています。また、十輪院町旧蔵文書には、元文5年（1740）～天保4年（1833）の膨大な借家請状が残されており、借家人の入れ替わりも頻繁であったことをうかがわせます。

十輪院、家屋敷を買う

寛文10年当時、十輪院は十輪院町内に5軒の家屋敷を所持していました（十輪院町旧蔵文書）。ただし居住者の名前がないので、借家としては運用してなかったようです。これらの家屋敷では町役を十輪院から負担しており、諸役免除とされた境内とは異なる扱いを受けていました。安永元年（1772）の「券文之覚」（十輪院文書）によると、寛文9年から同11年にかけて十輪院辻子《ずし》にあった家屋敷を順次買得しており、計画的に隣接する4軒の家屋敷が買得されたと考えられます。寛文9年と、同11年3月の証文は十輪院文書に残されています（113ページ）。

消えた十輪院辻子

十輪院辻子はどこにあったのでしょうか。明和9年の「家別間数并町役改帳」（十輪院町旧蔵文書）によれば、十輪院辻子は十輪院の境内西側から北へ伸び、十輪院の境内に沿って東に折れて興善寺の塀で行き止まりとなっていたといいます。現在、辻子は消えており、十輪院西側には法徳寺が隣接していますが、十輪院辻子の西側にも家屋敷3軒が辻子に面しており、いずれも法徳寺が所持していました。

この辻子がいつ造られたかは定かではありませんが、中世末期から江戸時代初頭に十輪院町が成立する過程で、十輪院境内または畑地が屋敷地に転化したことで造られたのでしょう。十輪院境内絵図（19ページ）によると、境内の西側から北側に十輪院の僧房である7つの庵が並んでおり、十輪院辻子の家屋敷が寛文・延宝年間（1661～1681）に十輪院の所有となって僧房に用いられていたと分かります（94ページ）。その後、享保年間の僧房廃絶後、明和9年までに辻子西側の家屋敷は法徳寺が入手したり、町会所になったのです。

十輪院辻子はその後も十輪院の「台所道」として存続しましたが（20ページ）、辻子の北側は明治時代までに墓地となり（115ページ）、家屋敷がなくなることでその役割を終えました。

（酒井）

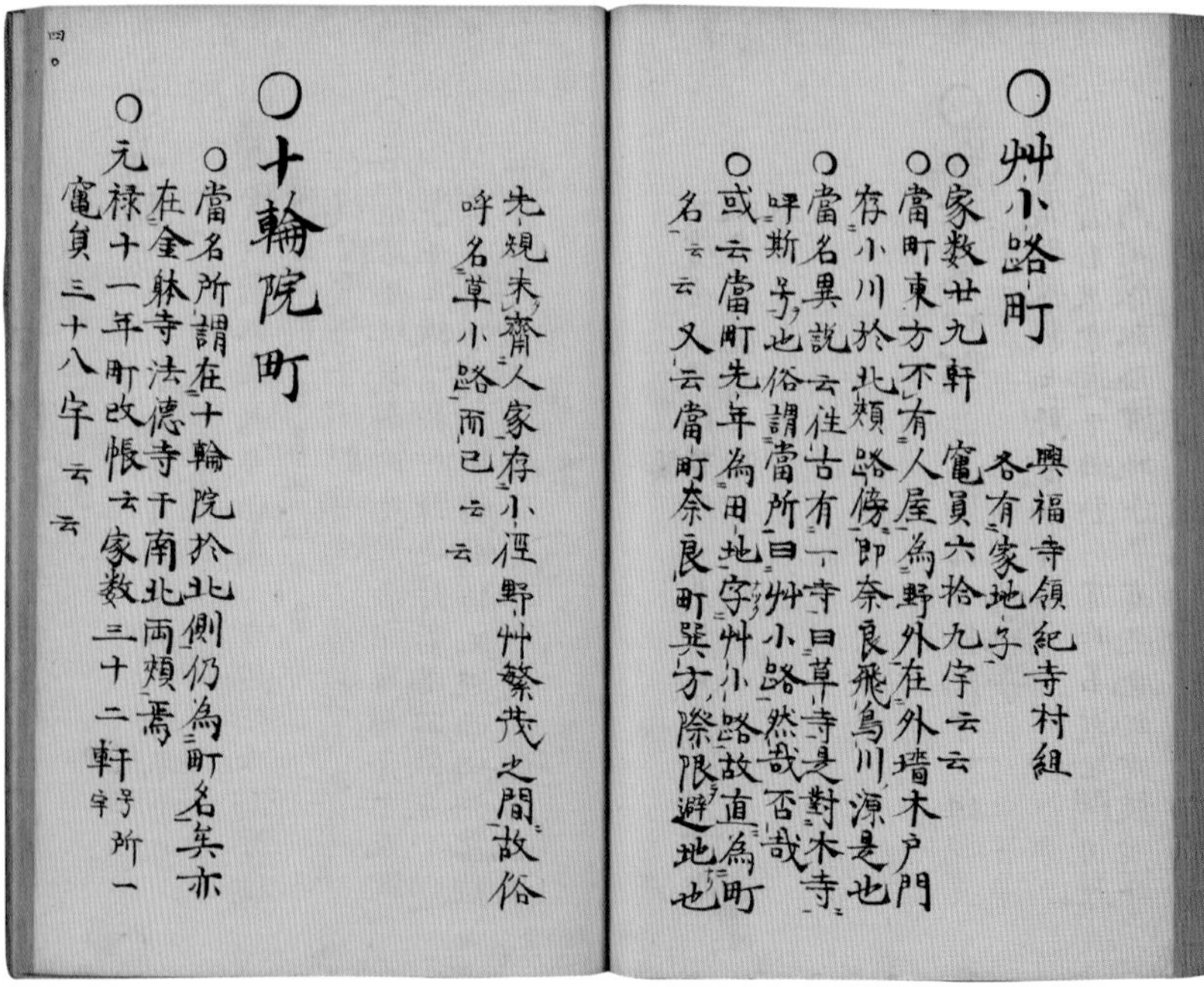

○卅小路町
興福寺領紀寺村組
各有家地子
○家数廿九軒　竈員六拾九字云云
○當町東方不有人屋為野外在外墻木戸門
存小川於北頬路傍即奈良飛鳥川源是也
○當名異説云往古有一寺曰草寺是對木寺
呼斯号也俗謂當所曰卅小路然哉否哉
○或云當町先年為田地字卅小路故直為町
名云云　又云當町奈良町巽方際限避地也
先規未齋人家存小徑野艸繁茂之間故俗
呼名草小路而已云云
○十輪院町
○當名所謂在十輪院於北側仍為町名矣亦
在金躰寺法徳寺于南北両頬焉
○元禄十一年町改帳云家数三十二軒
竈員三十八字云云

＊奈良坊目拙解　巻六　1冊

紙本墨書　縦23・9　横16・4

江戸時代（18～19世紀）

奈良県立図書情報館所蔵

奈良町の町々について由来や寺社・名所旧跡などを記した地誌で、享保15年（1730）ごろに成立した。十輪院町については町の北側に十輪院が位置することが町名の由来となったことなどが記される。また、十輪院町が東側に位置する十輪院畑町、東十輪院町とともにかつては十輪院の境内であったとする説も記載される。

（酒井）

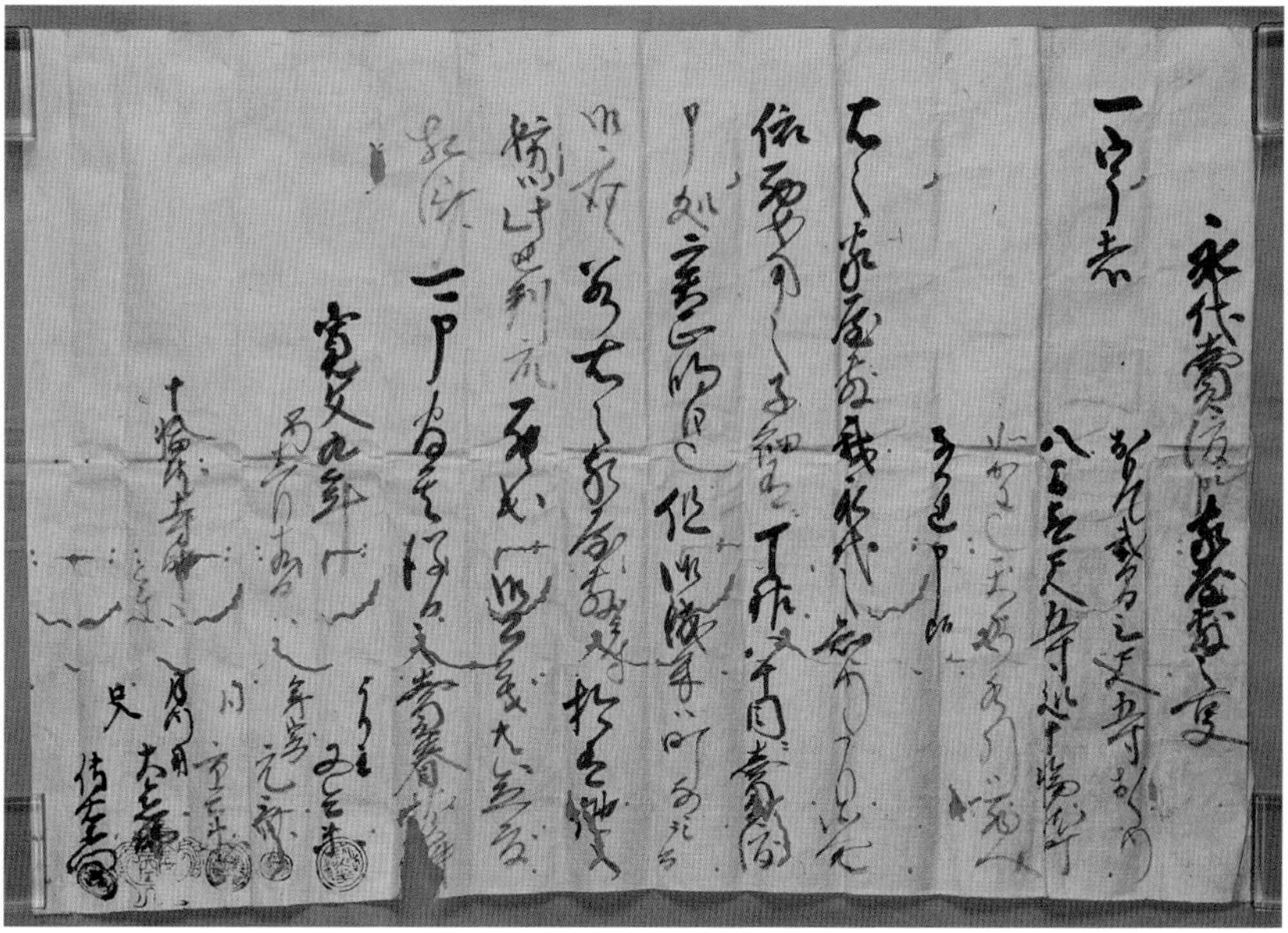

＊永代売渡シ申家屋敷之事　1通
紙本墨書　縦30・4　横44・9
寛文9年（1669）
十輪院所蔵

又兵衛なる者が家屋敷を十輪院に売却した証文である。本史料によると家屋敷は十輪院町の北側にあり、間口は2間3尺5寸、奥行は8間1尺5寸あったという。十輪院は寛文・延宝年間（1661～1681）に十輪院町内の家屋敷を数度にわたって購入しており、本史料はそうした十輪院による家屋敷買得の動きを示している。（酒井）

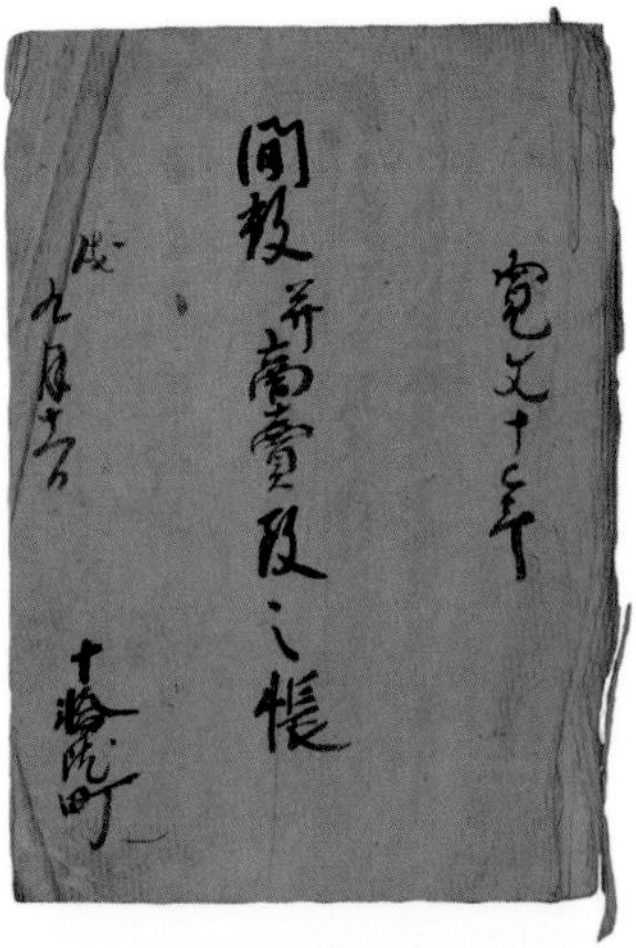

＊間数并商売改之帳　1冊

紙本墨書　縦24・0　横17・3

寛文10年（1670）

奈良市史料保存館所蔵

（十輪院町旧蔵文書）

十輪院町が町内の家屋敷の間口と住人を奈良町の惣年寄・町代に届け出た帳面の写し。奈良町では寛文10年（1670）に家職取調べが行われており、本史料はそれに関わって作成されたとみられる。当時の十輪院町には「くすりうり（薬売）」「とうふや（豆腐屋）」など様々な職人・商人が居住していたが、「かせや（絈屋）」「おうミ（苧績）」「具足や」といった17世紀後半の奈良の特産品である奈良晒や武具に関わる人々も確認できる。（酒井）

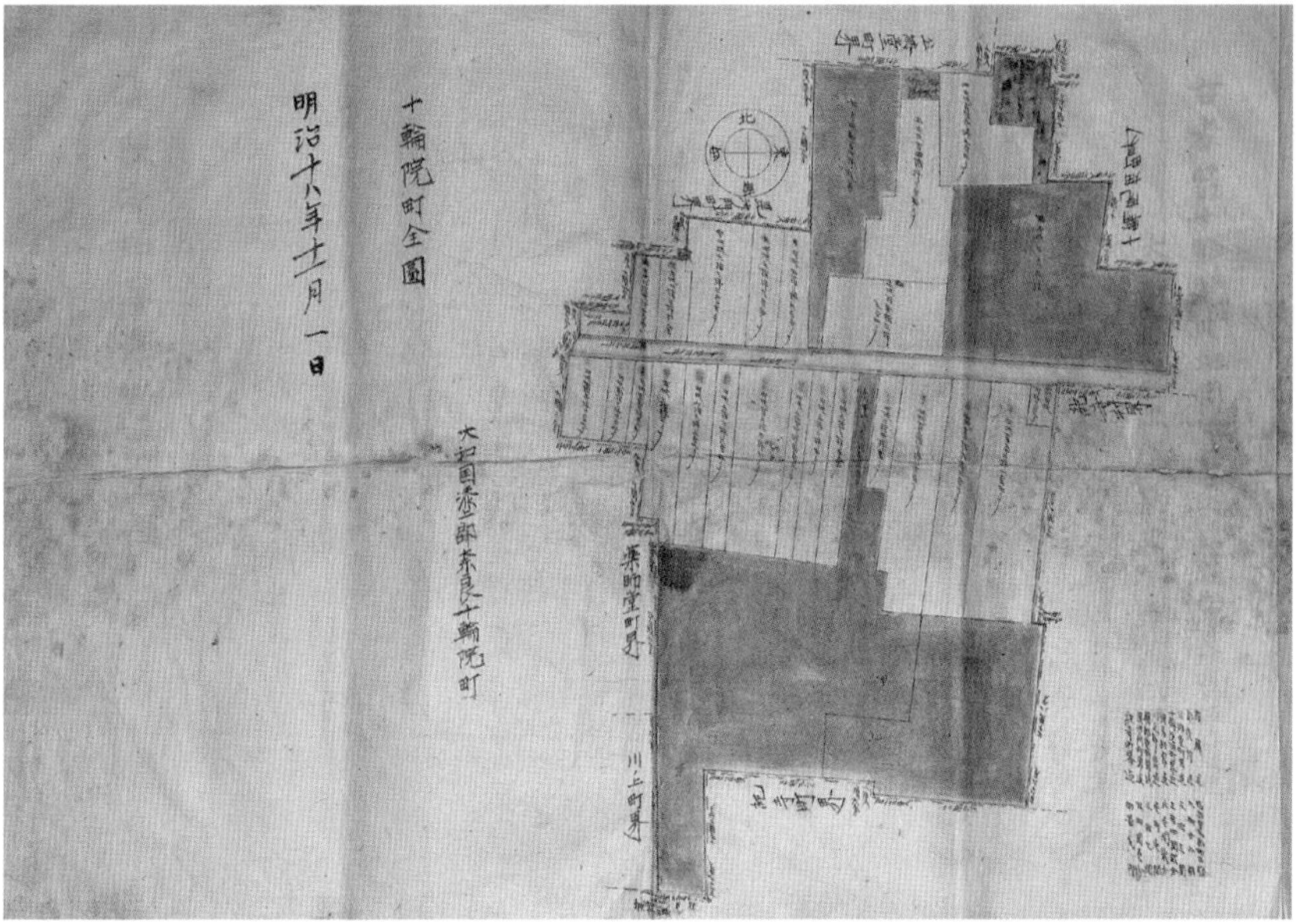

＊大阪府下大和国添上郡十輪院町地図　1冊

紙本著色　縦48・0　横33・0

明治18年（1885）

奈良市史料保存館所蔵（十輪院町旧蔵文書）

十輪院町を描いた600分の1の地籍図である。明治18年（1885）開始の地押調査に伴って作成されたとみられる。方位は北が上である。寺院境内地は茶色、墓地は紫色で示される。十輪院は町域の北東部に位置し、その西方に法徳寺が、道路南側に金躰寺が所在する。十輪院辻子の消滅などの変化はあるものの十輪院町は近世以来の区画を現代にまで伝えている。

（酒井）

第3節　寺領と「十三ヶ寺仲間」

慶長7年（1602）に徳川家康から十輪院に寄進された50石の寺領は、以後代々の将軍によって安堵され、江戸時代の十輪院の基本的な経済基盤となりました。

　この50石の寺領が設定されたのは、奈良町の近郊にある法華寺村と肘塚村《かいのづかむら》です。この両村には、十輪院だけではなく元興寺など13ヶ寺の寺領が設定されていました。これらの寺院は、宗派も石高もまちまちですが、いずれも慶長7年8月6日付で徳川家康から寺領を寄進された、奈良町またはその近郊に所在する中世末期までに成立していた中規模の寺院です。これらの諸寺は「十三ヶ寺仲間」というグループを作っていました。

表　「十三ヶ寺仲間」の諸寺と寺領

	所在地	宗派	石高	内訳			備考
				法華寺村	肘塚村	法蓮村	
東大寺真言院	雑司町	華厳宗	100石	67石	30石	2石	法蓮村にも寺領あり。
新薬師寺	高畑町	華厳宗	100石	67石	30石	2石	
極楽院	中院町	真言律宗	100石	67石	30石	2石	現元興寺。
伝香寺	小川町	律宗	100石	69石	30石	—	
元興寺	芝突抜町	真言宗	50石	35石	15石	—	華厳宗東大寺末。
円証寺	林小路町	真言律宗	50石	35石	15石	—	現在は生駒市に移転。
十輪院	十輪院町	真言宗	50石	34石	16石	—	
白毫寺	白毫寺町	真言律宗	50石	34石	16石	—	
安養寺	北袋町	浄土宗	30石	11石	9石	—	東鳴川町から移転。
福智院	福智院町	真言律宗	30石	11石	9石	—	
正覚寺	西紀寺町	真言律宗	20石	14石	6石	—	もと天台宗、今は浄土真宗。
璉珹寺	西紀寺町	浄土宗	20石	14石	6石	—	もと天台宗、今は浄土真宗。
不空院	高畑町	真言律宗	20石	14石	6石	—	

＊所在地・宗派は『奈良坊目拙解』当時。内訳の石高は『おほゑ—奈良奉行所管内要覧—』による。斗以下を四捨五入した。

十輪院の寺領と「十三ヶ寺仲間」

　十輪院に与えられた50石の寺領の詳細は、慶長7年8月付の検地帳で知ることができます（118ページ）。この慶長7年検地帳は、法華寺村、肘塚村のうち十輪院の寺領が設定された田畑のみを抄出したもので、十輪院では江戸時代を通じて寺領の基本台帳となったものです。法華寺村で33石余、肘塚村で16石余の田畑が書き上げられています。

　さらに、それに先立つ豊臣政権下の文禄4年（1595）の太閤検地帳は、「十三ヶ寺仲間帳」として「十三ヶ寺仲間」で共有され、同じく基本台帳として機能し続けていたようです（119ページ）。これによれば、「十三ヶ寺仲間」各寺領は田畑一筆ごとに空間的に分けられたのではなく、一筆の田畑に複数寺院の寺領が設定されるかたちがとられていました。例えば、肘塚村にある「字あさこ」の6畝4歩の田は、9斗5升2合の石高がありましたが、全てが十輪院領だったわけではなく、1斗3升5合が正覚寺《しょうがくじ》領、1斗8升5合が伝香寺《でんこうじ》領、3斗9升が真言院領、1斗1升が璉城寺《れんじょうじ》領で、十輪院領は1斗3升2合でした。田畑一筆の石高が複数寺院の寺領に細かく分けられていたのです。そのため寺領の支配には「十三ヶ寺仲間」で緊密に連携する必要がありました。

「十三ヶ寺」の機能と運営

「十三ヶ寺仲間」では、一年交代の責任者である年預《ねんよ》を決めて、寺領に関わる必要経費の管理や年貢の収取を共同で行っていました。寛文10年（1670）～天和元年（1681）に奈良奉行をつとめた溝口信勝《みぞぐちのぶかつ》の頃に奈良奉行所の触れ状の伝達システムが定められると、この「十三ヶ寺仲間」は触伝達の単位にもなりました（大宮2009）。

とはいえ宗派もまちまちの多様な諸寺の集まりなので、スムーズに運営されないこともありました。特に、年預の役は負担が大きかったようで、比較的石高の小さい安養寺、正覚寺、璉城寺、不空院は勤めなかったほか、専任の住持が置かれず東大寺堂衆方の塔頭が「元興寺惣代」を兼務していた元興寺も年預は断ってきたようです。こうした不均衡を是正するために、寛政9年（1797）に協議が行われ、「十三ヶ寺」で例外なく順番に年預を勤めていくことを定めました（120ページ）。

慶応4年（1868）の明治維新の際には朝廷への献金をめぐって対応が必要になったときは、十輪院は新薬師寺、元興寺、霊山寺《りょうせんじ》、忍辱山円成寺《にんにくせんえんじょうじ》、桃尾山龍福寺《もものおさんりゅうふくじ》などと協議をしており（華厳宗元興寺文書）、触伝達や寺領に関わらない局面では、別の朱印寺院のグループ間で対応をすることもあったようです。しかし、触伝達や寺領管理の枠組みとしては明治維新まで「十三ヶ寺」は機能しています。明治4年（1871）の社寺料一般上知を命じる太政官布告も、「十三ヶ寺」に廻達《かいたつ》され、「十三ヶ寺」の連名で請書を奈良県に提出しました（華厳宗元興寺文書）。この頃までこの枠組みは続いていましたが、「十三ヶ寺」を結び付けていた法華寺村・肘塚村の寺領が失われると、その役割を終えたようです。（服部）

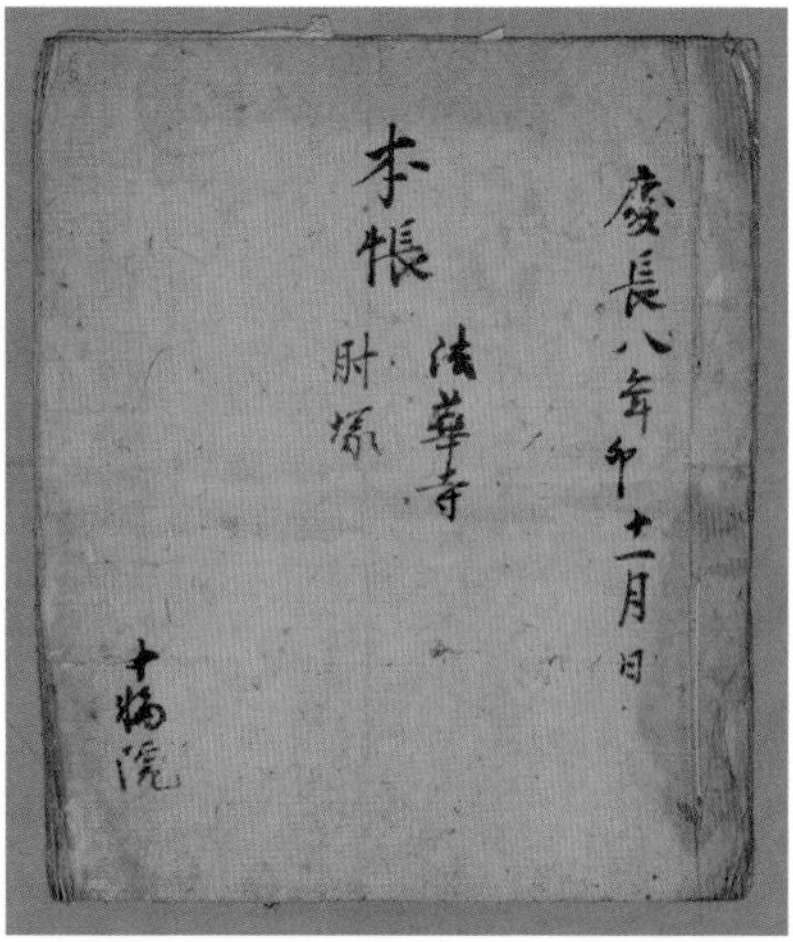

慶長八年卯十一月日
本帳
法華寺
肘塚
十輪院

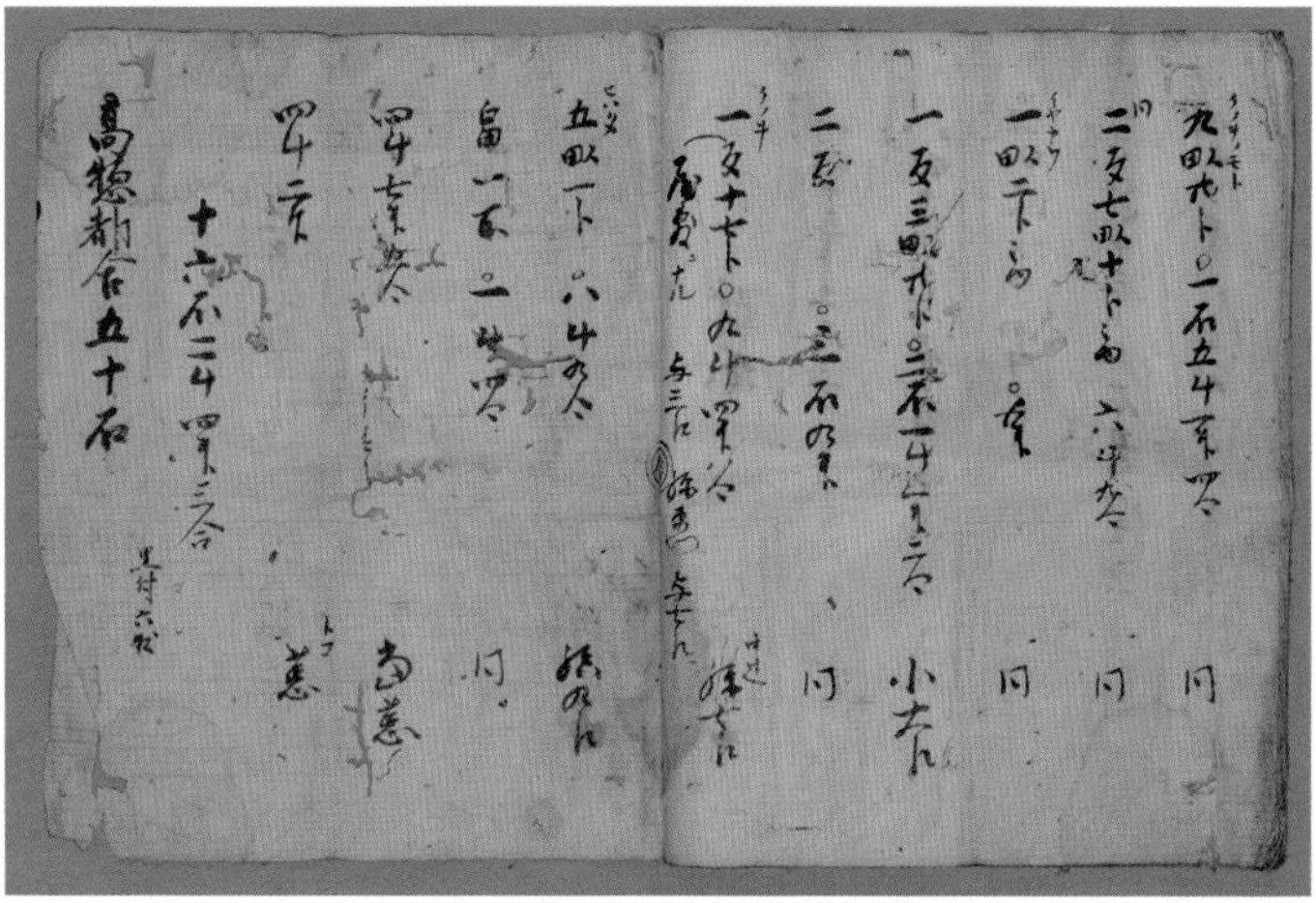

高惣都合五十石

本帳 法華寺・肘塚　1冊

紙本墨書　縦28・9 横24・5

慶長7年（1602）

十輪院所蔵

奈良町近郊の法華寺村、肘塚村にあった十輪院領の検地帳である。十輪院では慶長7年（1602）8月6日に徳川家康より、法華寺村・肘塚村のうち50石の寺領朱印地が寄進された（96ページ）。本史料はそれを承けたもので、法華寺村で33石8斗9合4勺、肘塚村で16石2斗4升3合、合せて50石の田畑が書き上げられている。十輪院領のみを抄出したものである。この本帳は写しも作成され、江戸時代を通じて十輪院領の基本台帳として機能したとみられる。

（服部）

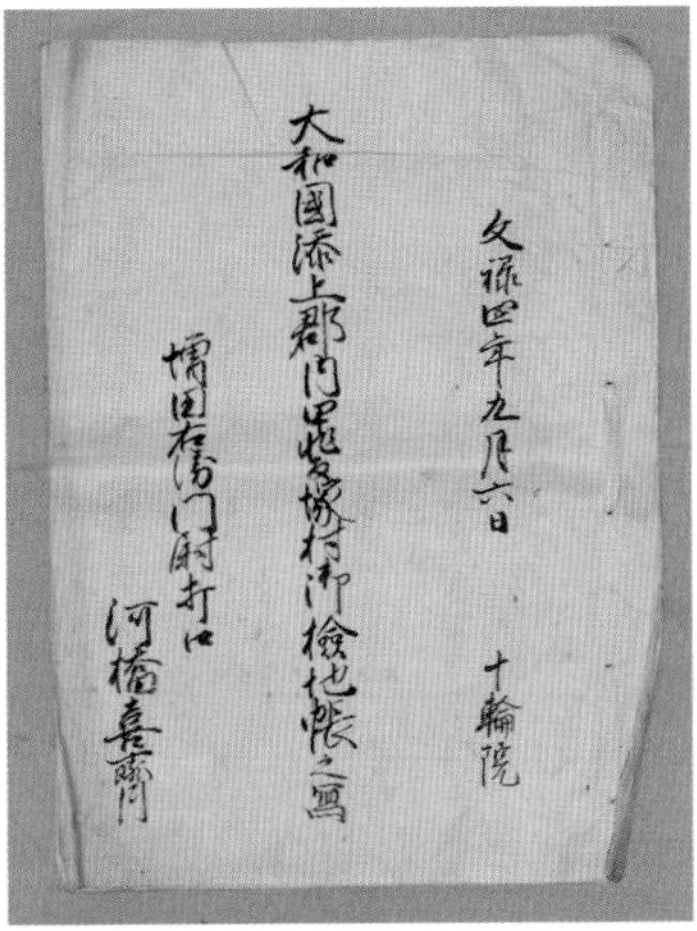

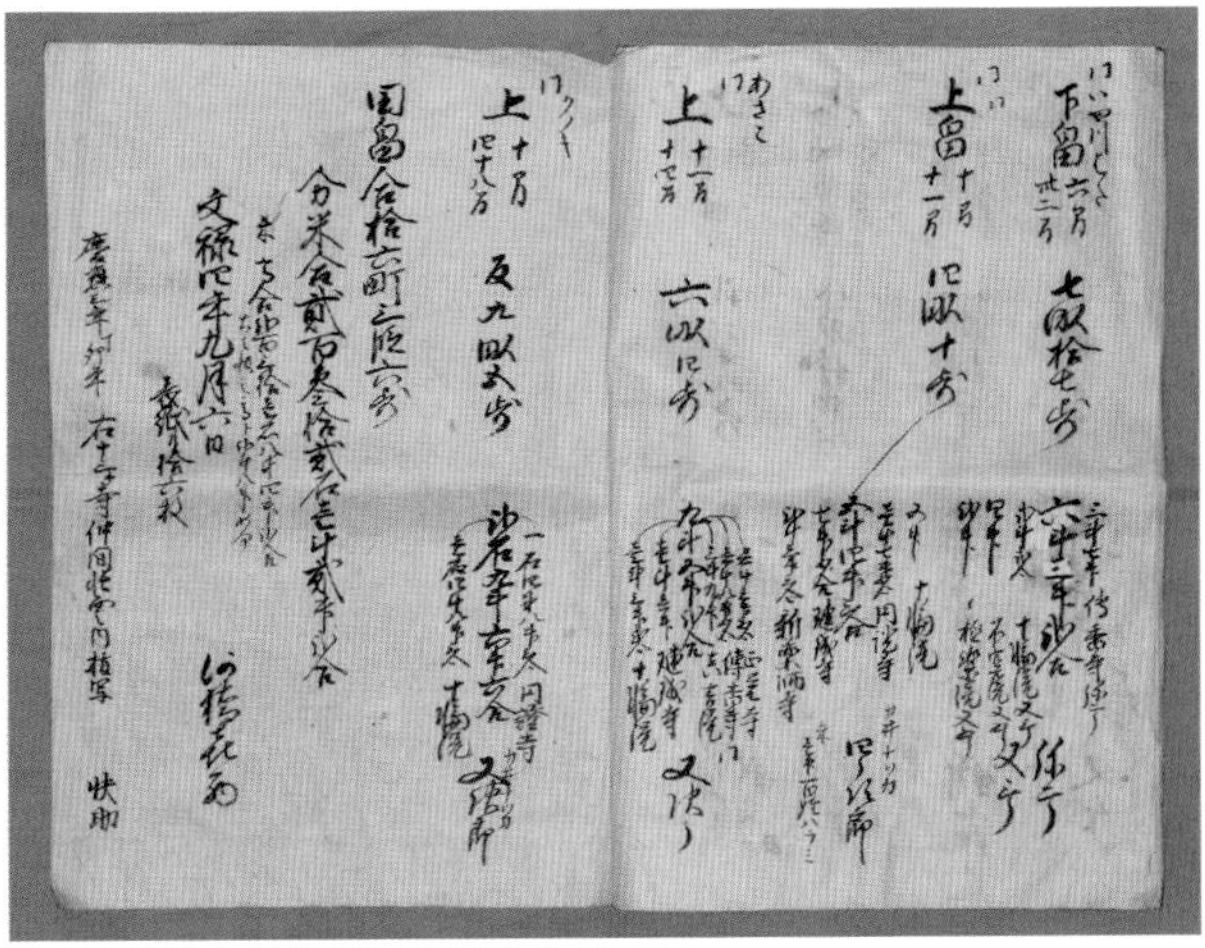

大和国添上郡内甲斐塚村御検地帳之写　1冊

紙本墨書　縦27・2　横20・1
慶応3年（1867）
十輪院所蔵

奈良町近郊の法華寺村、肘塚村にあった十輪院領の検地帳の写しで、もとは豊臣政権期に増田長盛のもと、河橋喜斎を奉行として実施された文禄4年（1595）9月6日の太閤検地の検地帳である。この文禄検地帳が「十三ヶ寺仲間帳」として「十三ヶ寺仲間」で基本台帳として共有されていたのを、十輪院住持の快助《かいじょ》が慶応3年（1867）十輪院領のみ抜書したのが本史料である。田畑一筆の石高が複数寺院の寺領に細分化されており、複雑に寺領が設定されていたことが分かる。（服部）

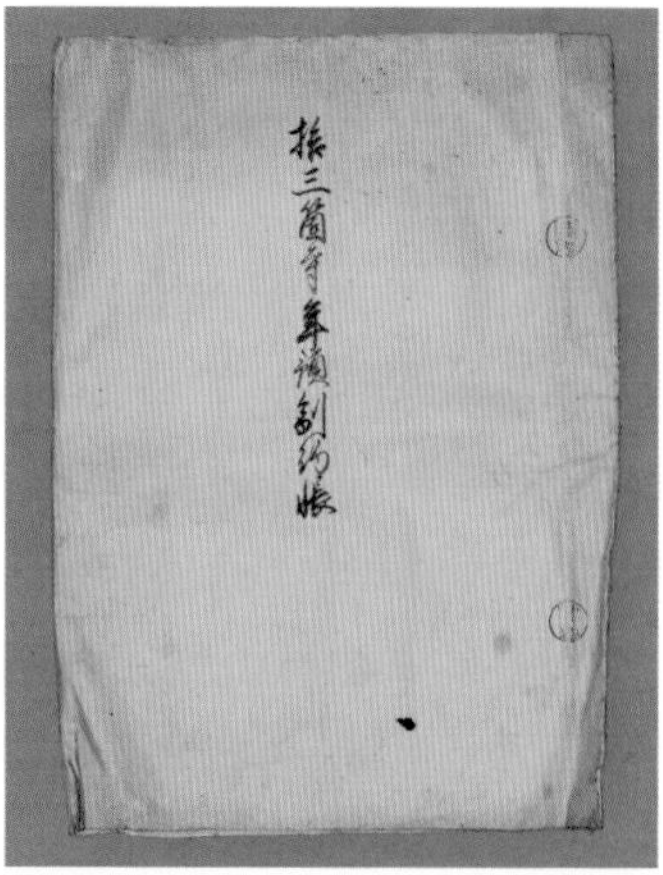

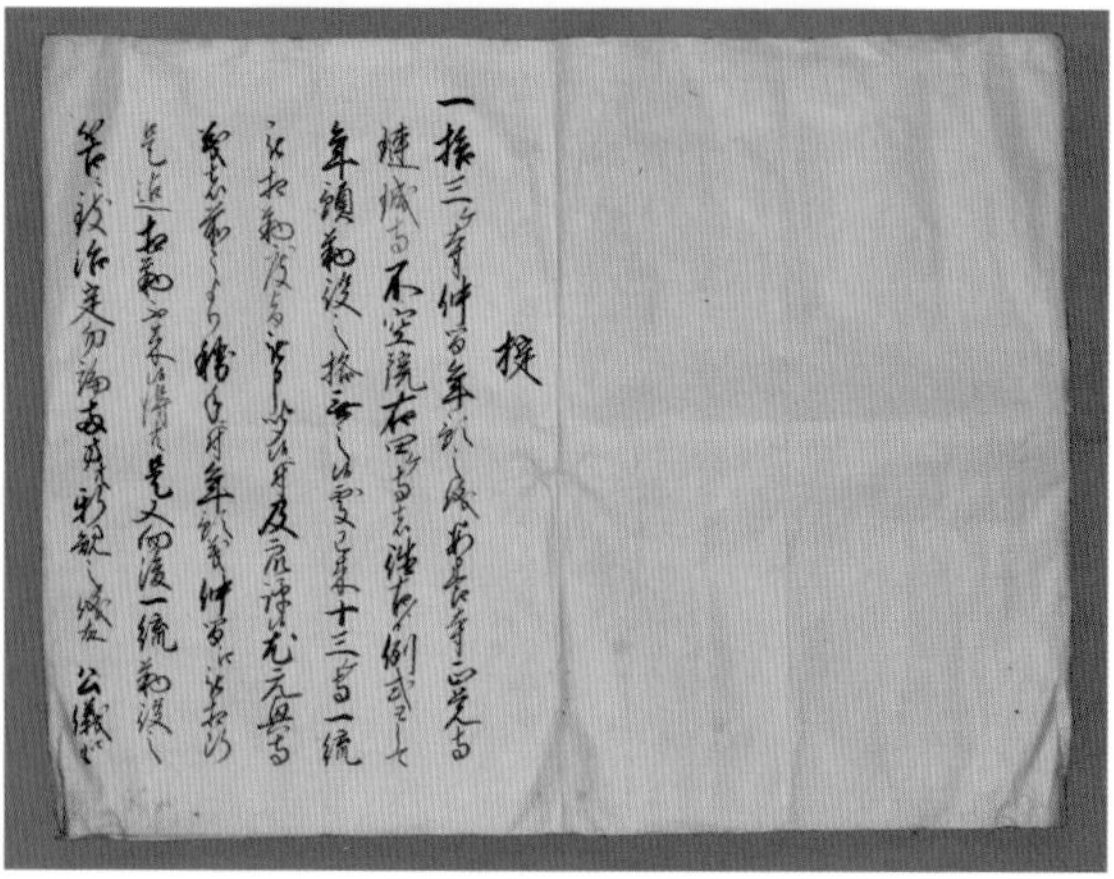

拾三箇寺年預制約帳　1冊

紙本墨書　縦33・1 横24・4

寛政9年（1797）

十輪院所蔵

奈良町近郊の法華寺村、肘塚村に寺領を有していた朱印寺院13ヶ寺からなる「十三ヶ寺仲間」の運営に関する契約書である。「十三ヶ寺仲間」は各寺院が交替でつとめる年預《ねんよ》を中心に運営されていたが、その負担は大きく、寺院によっては年預をつとめないことが常態化していた。本史料では、年預は例外なく順番につとめること、病気や幼年などの事情がない限りは辞退してはいけないことなどが13ヶ寺の連判によって取り決められた。連判は、この時に定められた年預をつとめる順番を示している。

（服部）

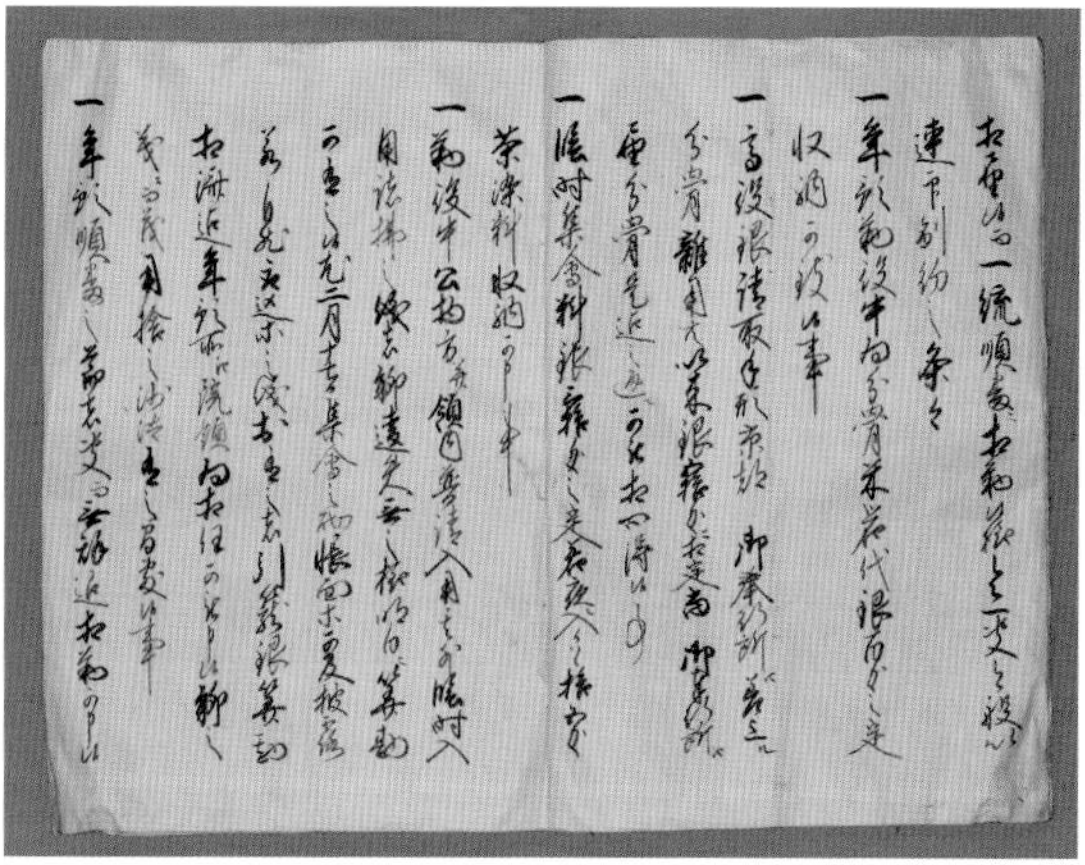

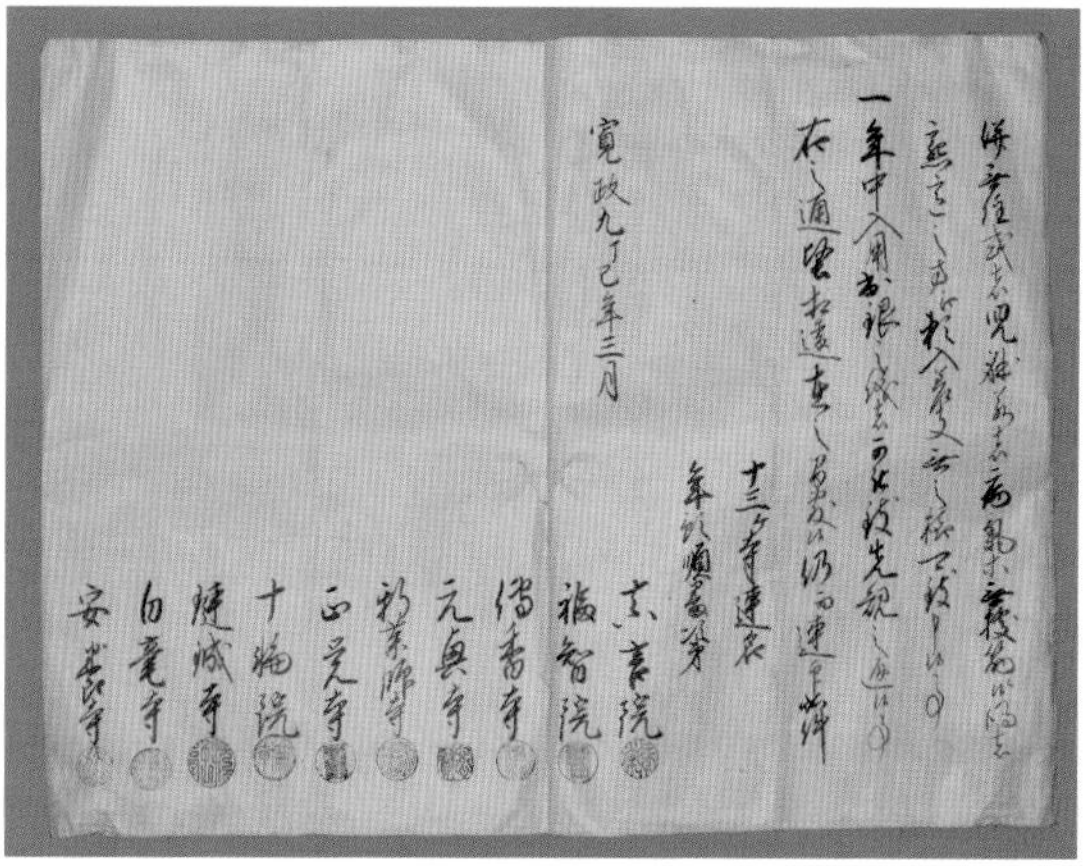

寛政九丁巳年三月

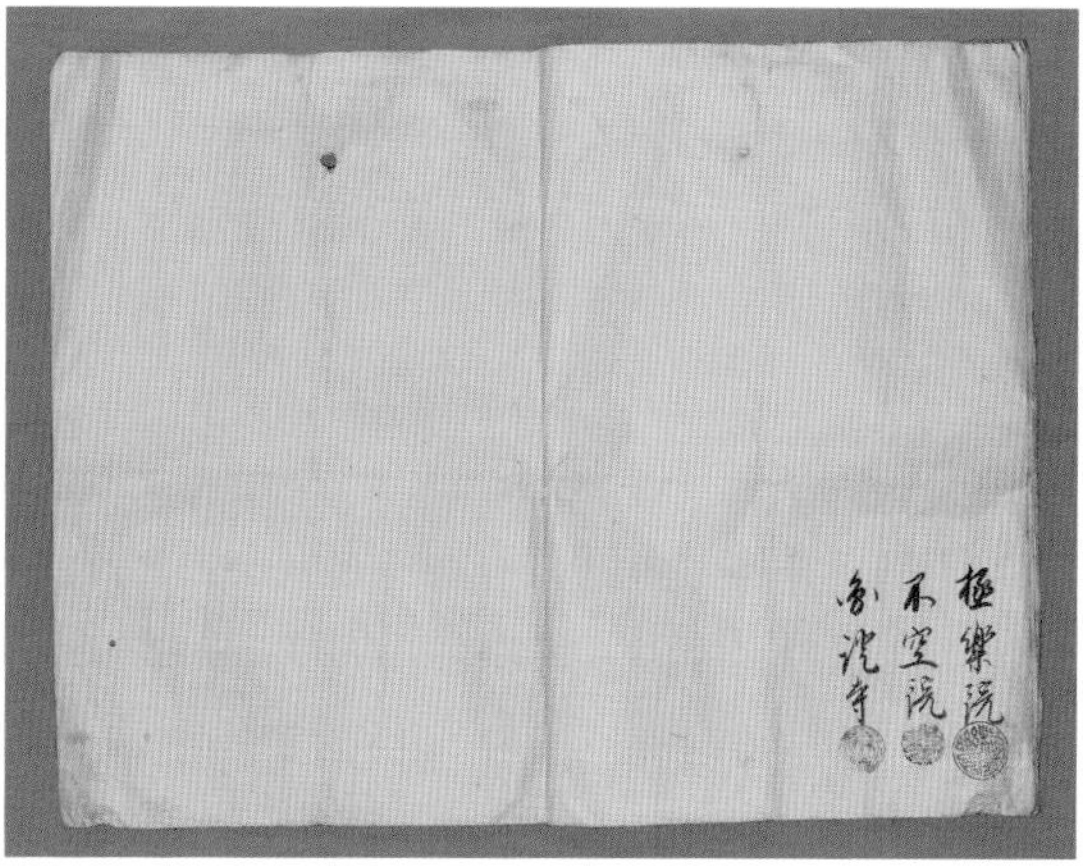

第4節　弘法大師信仰の高まり

　真言僧の集まりである「当寺御影《みえい》供衆《くしゅう》」によって運営され、真言宗寺院として純化されて再出発した江戸時代初頭の十輪院が、寺院の中核である地蔵石仏龕《じぞうせきぶつがん》の覆堂《おおいどう》・礼堂の再興にまずとりかかったことは第4章第1節でみたとおりです。室町時代の段階でこの地蔵石仏龕は弘法大師による制作と伝えられており、十輪院においては地蔵信仰と弘法大師信仰とは結びついていました。

　地蔵石仏龕の覆堂・礼堂の再興が一段落すると、真言宗寺院としての祖師信仰に関わる堂舎・什物の整備が進められ、ますます真言宗寺院としての内実を充実化させていくことになります。

醍醐寺報恩院との関係

　慶長18年（1613）、十輪院で理源大師聖宝《しょうぼう》坐像が造立されました（126・127ページ）。戦国時代の奈良を舞台に活躍した宿院《しゅくいん》仏師（下御門《しもみかど》仏師）の系譜に位置付けられる宗印（源五郎）・弁蔵によって制作されました。宗印は、天正14年（1586）から同16年（1588）に造立された京都方広寺大仏や天正20年（1592）までに造立された吉野金峯山寺蔵王堂の蔵王権現像3軀の仏師としても知られます。

　理源大師聖宝はいうまでもなく十輪院の本寺である醍醐寺の開山です。17世紀半ば、醍醐寺報恩院主寛《かん》済《さい》（1596〜1663）のときにまとめられた報恩院末寺帳には十輪院が書き上げられており（醍醐寺文書）、すでにこの頃には醍醐寺報恩院の末寺となっていたようです。寛済は東寺一長者なども勤め、水本法務大僧正とも呼ばれた当時の真言宗の有力僧侶の一人です（131ページ）。寛文元年（1661）、十輪院僧の実慶を阿闍梨《あじゃり》、宗清を正受者、円長を脇受者として、寛済が灌頂を執行しており、翌寛文2年（1662）にはその際の「伝法灌頂秘蜜御道具」が十輪院の僧らに下されています（132ページ）。十輪院は本末関係、法流関係の両面で醍醐寺報恩院との関係を強め、末寺真言宗寺院としての実質を明確に整えていったのです。

　江戸時代の礼堂（現本堂）は「灌頂堂」とも呼ばれ、本尊として大日如来坐像（70ページ）が祀られ、左に聖宝僧正、右に弘法大師が祀られ、真言密教色の濃厚な空間となっていました

（『庁中漫録』）。

御影堂の建立

慶安3年（1650）3月21日には弘法大師を祀る御影堂が建立されました（128・129ページ）。施主は東寺林町の薄屋久兵衛で、両親の菩提供養、自身の二世安楽を願うためでした。3月21日は弘法大師が入定した日であり、その縁日に合わせて上棟供養が行われたようです。弘法大師坐像もこのときに制作されました（130ページ）。

このときの御影堂は個人の信徒を施主とするもので、柿葺《こけらぶ》きの建物だったようです。しかし、貞享2年（1685）には柿葺き屋根が破損したため、瓦葺きに改められます。その時の施主は十輪院の寺庵の一つである瓦竈法寿庵の賢尊房生哲でした。生哲は『地蔵講式』（106・107ページ）、『地蔵菩薩本願経』（108ページ）、『大乗大集地蔵十輪経』（109ページ）などを書写した、当時の十輪院の中心的な僧侶の一人です。後述するように、慶安3年（1650）の御影堂の造立以後、御影供が年中行事として盛大に執り行われるようになるなど十輪院で弘法大師信仰が高揚するなかで、御影堂も寺僧によって瓦葺きのより立派な建物へと荘厳されたということになります。

この御影堂は、やや後に作成された境内絵図（19ページ）では、「御位牌堂」と記されており、徳川将軍の位牌がここに祀られるようになっていたようです。御影堂に祀られていた弘法大師坐像は礼堂（現本堂）に移され、理源大師聖宝像とともに大日如来坐像の左右に祀られることになったと考えられます。

奈良町の一大行事だった御影供

毎年3月21日には弘法大師御影供が行われました。この御影供は、奈良町の中でも一大行事であったらしく、延宝6年（1678）成立の『奈良名所八重桜』には「弘法の暫時《ざんじ》住みたまいし聖跡なるゆえに、御影つくり、毎年三月廿一日、南都住居の真言宗僧会合《えごう》して御影講を執り行うとぞ」とあり、南都の真言僧が集まって盛大に執り行われたようです。また、『奈良坊目拙解』も、「当院毎年三月廿一日御影供法事あり、諸堂開帳、参詣群衆たり」とその盛況ぶりを伝えています。これによれば、この御影供に合わせて、諸堂の開帳も行われ、一般の参詣客も多く集まっていたようです。

第1章で述べたように、江戸時代

前期には、十輪院の縁起にも明確に弘法大師伝承が位置付けられていくようになります。まさに「弘法の暫時住たまひし聖跡」との由緒が重視され、慶安3年（1650）に御影堂と弘法大師坐像も造立され（130ページ）、毎年3月21日の御影供が十輪院の代表的な仏事となっていきました。真言宗寺院としての純化を果たした十輪院においては、本来の地蔵信仰に加えて、江戸時代になると弘法大師信仰が一つの核として急浮上していったのです。

「南京洛中洛外　弘法大師八十八ヶ所」の発起

こうした弘法大師信仰の展開の上に、江戸時代中期以降も大師信仰に関わる聖教や什物が整えられてきました。とりわけ注目されるのが、「南京洛中洛外弘法大師八十八ヶ所」創設の動きです。

江戸時代以降、四国遍路や西国三十三所巡礼が盛行するなかで、各地で「新四国」「新西国」や「写し霊場」などと呼ばれる地方霊場が誕生しました。大和でも、栄山寺（五條市）を一番とし、生蓮寺などを巡る「宇智・吉野両郡八拾八箇所」や、大安寺を一番とする「大和北部八十八ヶ所霊場」などが知られます。

十輪院では、寛政12年（1800）に「南京洛中洛外弘法大師八十八ヶ所」の創設が試みられました（141〜144ページ）。これは現在の奈良市域、大和郡山市域などにあった弘法大師霊場を巡礼するものです。巡礼の起点となる一番は十輪院であり、しかもこの版木そのものが十輪院で開板されていることから、その発起者は十輪院であったと考えられます。これに先立ち、「南都二十一ヶ所」霊場の巡礼も発起されていたようです（140ページ）。弘法大師信仰の霊場としての新たな創意であったといえます。

祖師信仰に関わるもので注目されるのは「真言付法祖師像」です（133〜139ページ）。長谷寺で真言諸流を極め、仁和寺教王院主などをつとめた龍《りゅう》肝《かん》が所持していたものです。「豊山三車輪法類中」から嘉永3年（1850）に寄附されたといいます。真言宗寺院としては十輪院とも近い位置にある忍辱山《にんにくせん》円成寺では、知恩院修助が龍肝から忍辱山流と保寿院流《ほうじゅいんりゅう》を伝授されるなど龍肝と深い関係にありました。忍辱山円成寺からは快助が十輪院に入寺しており、そうした縁で十輪院にもたらされたものでしょう。これも十輪院における祖師信仰を物語る資料です。

　このように、江戸時代の十輪院では弘法大師信仰と地蔵信仰との両輪の高揚をもってさらなる寺門興隆が図られたのです。（服部）

南都二十一ヶ所霊場一覧

1番	十輪院	十輪院町	12番	永福寺	東包永町
2番	福智院	福智院町	13番	眉間寺	佐保山
3番	新薬師寺	福井辻子	14番	寂照寺	北小路町
4番	東大寺真言院		15番	円証寺	林小路町
5番	真応院		16番	伝香寺	小川町
6番	東大寺無量院		17番	極楽院	中院町
7番	東大寺戒壇院		18番	元興寺	芝新屋町
8番	東大寺勧進所		19番	小塔院	西新屋町
9番	東大寺知足院		20番	西光院	高御門町
10番	空海寺	雑司町	21番	正覚寺	紀寺町
11番	般若寺	般若寺町			

南京洛中洛外弘法大師八十八ヶ所霊場一覧

1番	十輪院	十輪院町	31番	閑承院	大安寺村	61番	海龍王寺	法華寺村
2番	福智院	福智院町	32番	護摩堂	西の京	62番	不退寺	不退寺村
3番	千蔵院	破石町	33番	唐招提寺御影堂		63番	ｳﾝｼｮｳ庵	北市町
4番	不空院	福井辻子	34番	唐招提寺奥之院		64番	寂照寺	北小路町
5番	新薬師寺	福井辻子	35番	松之坊	七条村	65番	普光院	北川端町
6番	白毫寺	白毫寺村	36番	円満院	七条村	66番	佐保山眉間寺	
7番	観音堂	鹿野園村	37番	大教寺	七条村	67番	永福寺	東包永町
8番	満願寺	横井村	38番	愛染院	九条村	68番	般若寺文殊堂	般若寺町
9番	八島寺	八島村	39番	常楽寺	平野町	69番	空海寺	雑司町
10番	地蔵院	帯解村	40番	植槻八幡観音堂		70番	東大寺知足院	
11番	神宮寺	下山村	41番	春岳院	新中町	71番	東大寺勧進所	
12番	極楽寺	上山村	42番	雲幻寺	茶町	72番	東大寺念仏堂	
13番	正暦寺	菩提山村	43番	慈眼寺	茶町	73番	東大寺真言院	
14番	弘仁寺	高井村	44番	薬園寺		74番	東大寺戒壇院	
15番	寂照寺	櫟本村	45番	釈尊寺	高田村	75番	無量院	水門町
16番	神宮寺	横田村	46番	金剛院	新木村	76番	祇園社神宮寺	
17番	正福寺	発志院村	47番	松尾寺本堂		77番	円証寺	林小路町
18番	阿弥陀院	番庄村	48番	矢田山念仏堂		78番	川埼寺	本子守町
19番	光明寺	番庄村	49番	矢田山本堂		79番	伝香寺	小川町
20番	極楽寺	下三橋村	50番	矢田山満米堂		80番	善法堂	橋本町
21番	超願寺	上三橋村	51番	矢田山閻魔堂		81番	菩提院大御堂	
22番	地福寺	上三橋村	52番	矢田山舎利堂		82番	極楽院	中院町
23番	東之坊	美濃庄村	53番	矢田山東明寺		83番	西光院	高御門町
24番	蓮性寺	池田村	54番	霊山寺大師堂		84番	小塔院	西新屋町
25番	龍腹寺	北之庄村	55番	真福寺	三碓村	85番	毘沙門堂	毘沙門町
26番	祐楽寺	北永井村	56番	常光寺	押熊村	86番	元興寺本堂	芝新屋町
27番	大師堂	東九条村	57番	安楽寺	中山村	87番	薬師堂	薬師堂町
28番	西福寺	西九条村	58番	秋篠寺	秋篠村	88番	正覚寺	紀寺町
29番	大安寺	大安寺村	59番	西大寺愛染堂				
30番	地蔵堂	大安寺村	60番	超昇寺	超昇寺村			

理源大師聖宝坐像　1軀

木造 玉眼 彩色 像高81・8
宗印・弁蔵作 慶長18年（1613）
十輪院所蔵

聖宝は、真言密教のみならず、元興寺で三論を、東大寺で法相・華厳教学を学んだ高僧であり、また当山派修験の祖としても位置付けられる。

面貌の皺の刻みや体軀の肉取りなどに形式化が見られるものの、生々しい表情を造りあげている。像内銘によって慶長18年（1613）に「南都大仏師」を名乗る宿院仏師宗印（源五郎）と弁蔵らによって制作されたことが分かる。

繧繝縁《うんげんべり》座には、嘉永3年（1850）の修理銘が記されるが、「弘法大師尊像」とある。現在同院に伝わる2軀の空海像いずれかの転用とも考えられるが、左手が聖宝像通用の衣

繧繝縁座天板墨書

の端を掴む形ではなく、空海像と同じ掌を上にして数珠を執るような像容を示す点からは、空海像として改変された可能性もある。（植村）

＊弘法大師御影堂建立棟札・同再興棟札 記録写真　1枚

奈良県立図書情報館所蔵

十輪院で慶安3年（1650）に御影堂が建立されたときの棟札と、貞享2年（1685）に御影堂が再興されたときの棟札を記録した写真である。昭和37年（1962）に御影堂が県指定文化財に指定される際に撮影された。江戸時代前期に真言宗寺院として弘法大師信仰が盛り立てられるなか、御影堂が慶安3年（1650）東寺林町の信徒を施主として造立され、貞享2年（1685）に十輪院の法寿庵生哲を願主として柿葺きから瓦葺きに改められて再興されたことを伝えている。（服部）

＊○御影堂　1棟

木造 桁行3間 梁行3間
宝形造 銅板葺
慶安3年（1650）
十輪院所蔵

慶安3年（1650）に造立された三間四方の御影堂である。東寺林町の信徒薄屋久兵衛を施主として造立され、その後貞享2年（1685）に十輪院の法寿庵生哲を願主として柿葺きから瓦葺きに改められ再興された（128ページ）。造立当初は現在本堂に安置されている弘法大師空海像（130ページ）が祀られていたと考えられるが、江戸時代中期以降には「御位牌堂」と呼ばれ、徳川将軍の位牌が祀られていた。昭和50年（1975）に解体修理工事が行われ、その際に地下に納骨堂が造られた。（服部）

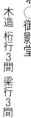

＊弘法大師空海坐像（本堂）　1軀

木造 玉眼 彩色　像高80・2
慶安3年（1650）
十輪院所蔵

本堂向かって右壇に安置される弘法大師像である。

右手は胸前で手首をかえし五鈷杵を、左手は膝上で数珠を執り坐す。左肘正面辺りで大きく翻る袈裟のかたちは、真言律宗元興寺に伝わる弘法大師空海像（鎌倉時代）と同様で、造像にあたって元興寺像を参考とした可能性があろう。

繧繝縁座天板裏の墨書によれば、御影堂建立にあたる慶安3年（1650）に妙閑なる人物が「木像大師」を寄進したこと、御影堂及び厨子を（薄屋）久兵衛が寄進したことが分かる。このことから御影堂旧本尊であったと考えられる。（植村）

寛済律師像　1幅
絹本著色　縦93・8 横47・5
寛文6年（1666）
十輪院所蔵

寛文6年（1666）に醍醐寺釈迦院有雅《ゆうが》（1643～1728）が十輪院に寄付した寛済《かんさい》（1596～1663）の肖像画である。寛済は中山慶《よし》親《ちか》の子で報恩院主、東寺長者であった。袈裟には中山家の紋である杜若紋が描かれている。十輪院は寛済より「伝法灌頂秘蜜御道具」の箱（132ページ）を授かるなど、寛済との強い関係が看取でき、寛済の弟子有雅との関わりもその延長にあろう。文政4年（1821）、十輪院5世生識が修補、同7年に報恩院門跡淳心が点眼法を修している。（三宅）

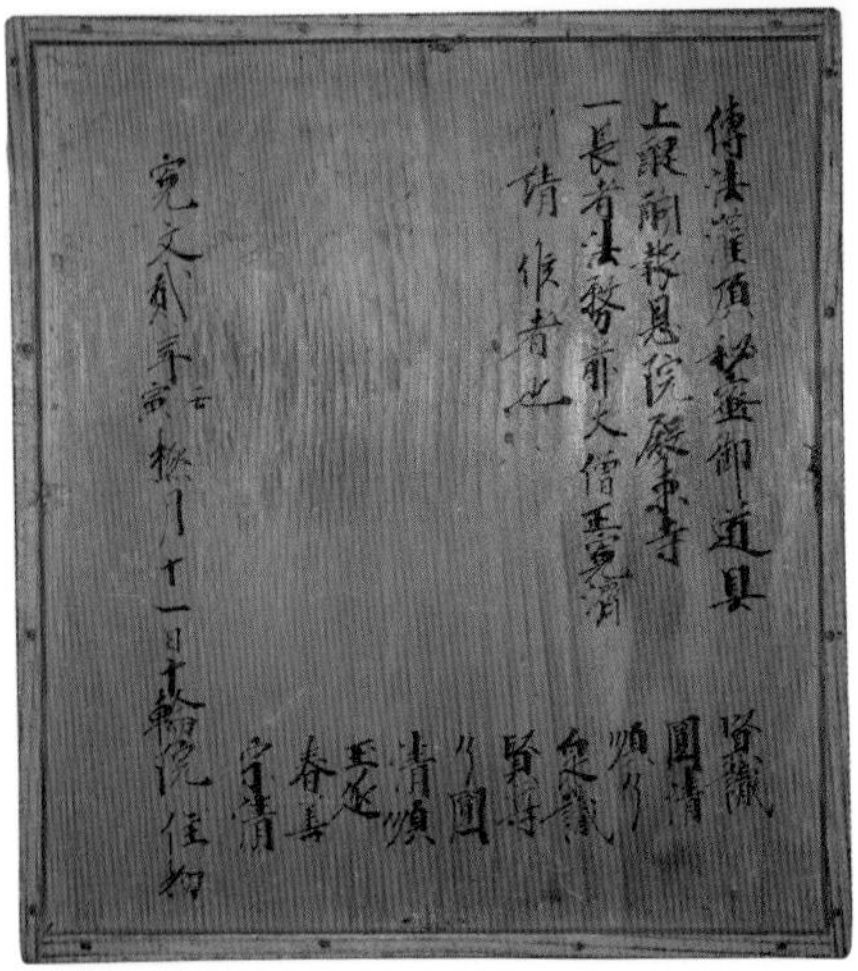

（底面）

＊伝法灌頂秘蜜御道具箱　1合

木製　縦41・2 横37・4 高18・4
寛文2年（1662）
十輪院所蔵

寛文2年（1662）12月に寛済から授かった「伝法灌頂秘蜜御道具」が収められていた木箱である。箱底面に墨書で10人が署名しており、その中には賢尊生哲・宗清ら十輪院僧の名が見える。現在は『妙法蓮華経』の折本などが収められており、灌頂具は入っていない。授与前年に寛済が、阿闍梨実慶、正受者宗清、脇受者円長という形で灌頂を執行しており、その際の灌頂道具であったと思われる。十輪院が寛済との結びつきを深め、真言宗寺院として純化していく様子がうかがえる。

（三宅）

真済僧正

真言付法祖師像　12幅

紙本著色（泰範幅）縦90・5横70・0
江戸時代（18世紀）
十輪院所蔵

本紙上辺に記された僧名によって、弘法大師空海付法の弟子をあらわしたものと分かる。同院に伝来する真言八祖像に付随するように仕立てられたものと考えられる。これらは、元慶2年（878）11月11日に朝廷に奉じられた真雅の言上書に付法弟子として挙げられる真済、真雅、実慧、道雄、円明、真如、杲隣、泰範、智泉、忠延のいわゆる十大弟子にあたり、それに真然、堅慧を加えた十二幅となる。このうち、堅慧像は本紙上辺に名が記されず、画風も異なることから後に補われたものと考えられる。

箱蓋裏には、本図が龍肝所持のもので、嘉永3年（1850）に寄付したことが記される。（植村）

法光大師（真雅）

道興大師（実慧）

道雄僧都

円明律師

真如親王

杲隣禅師

泰範法師

智泉大法師

忠延律師

真然僧正

堅慧大法師

龍肝山人而将之處嘉永三戌季初基

従豊山三平輪法頼中寄附之

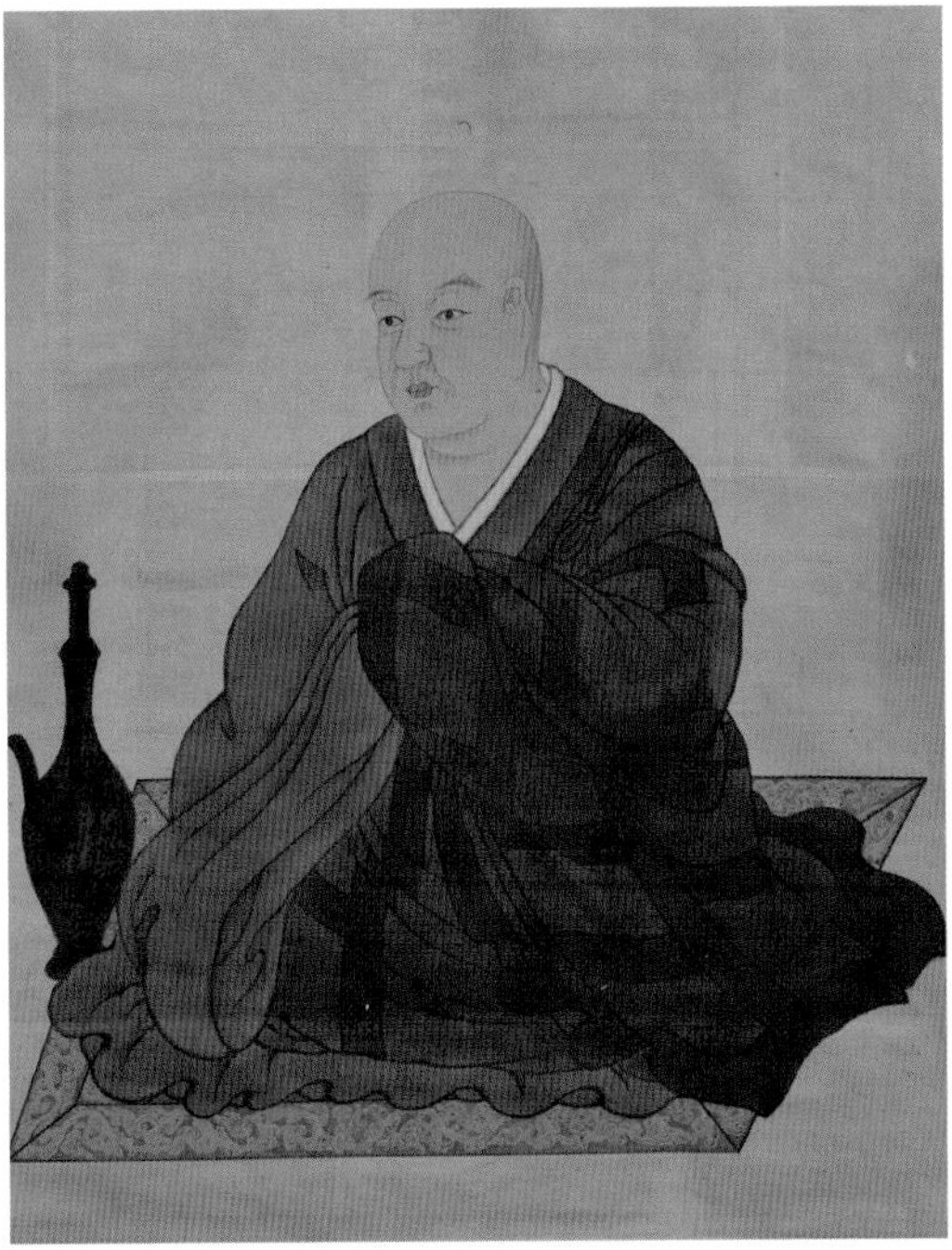

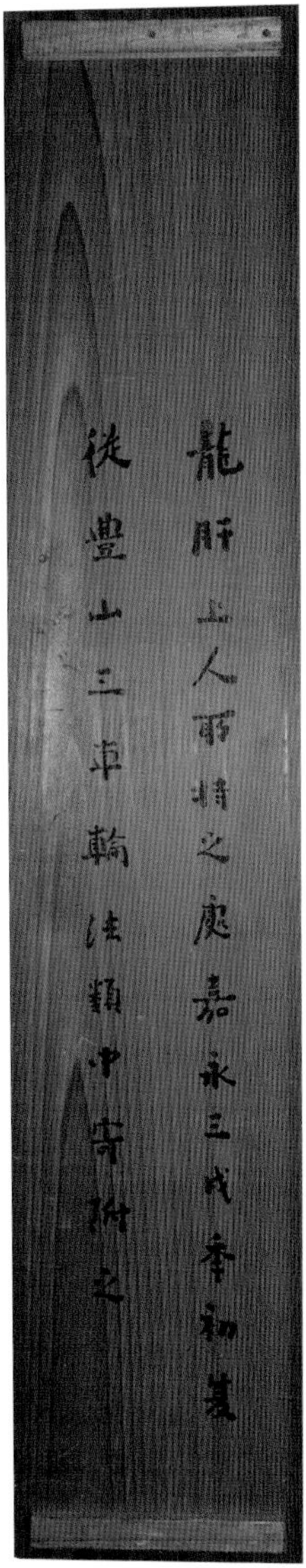

（蓋裏銘）

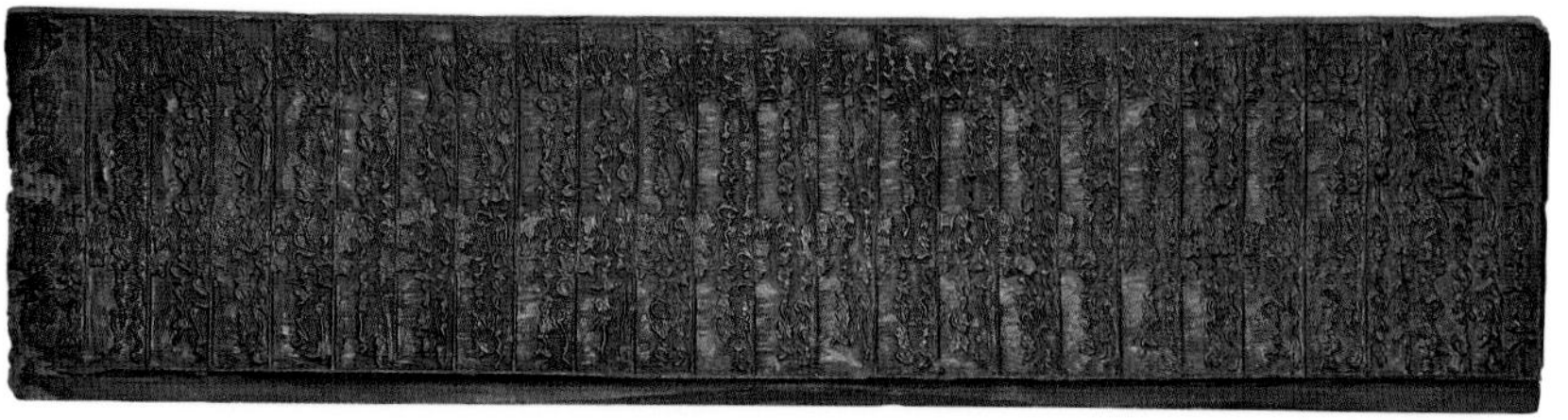

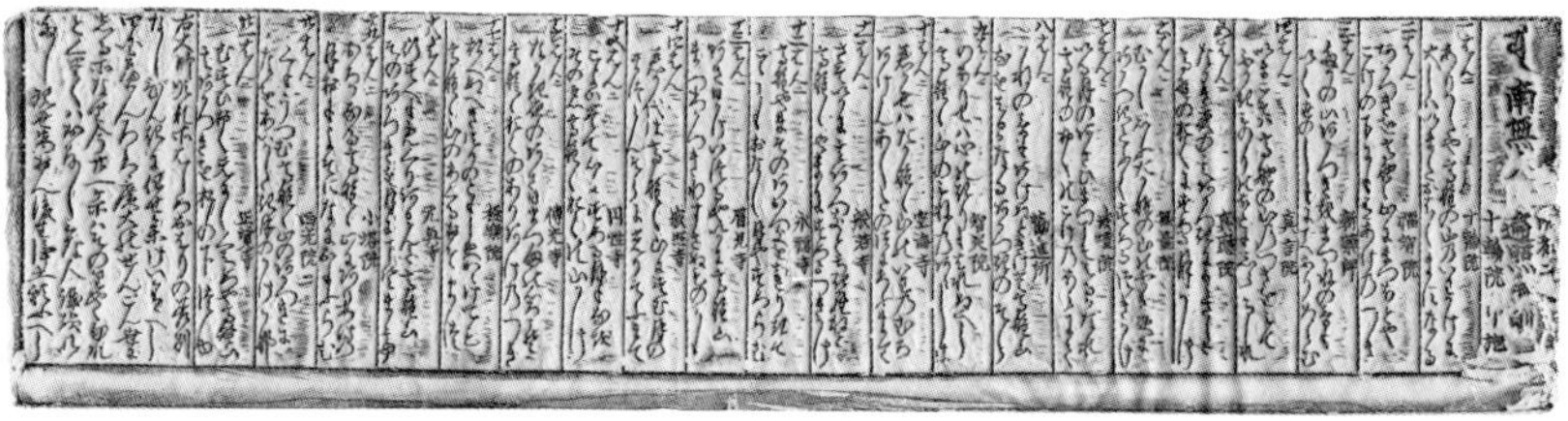

（拓影反転）

＊二十一ヶ所霊場御詠歌版木　1枚

木製　縦14・9　横60・6　厚3・3
江戸時代
十輪院所蔵

十輪院を第1番として第21番正覚寺まで、真言院など東大寺の子院を中心に奈良町北東部の寺院を巡る霊場の御詠歌一覧で、江戸時代の制作である。末尾に四国遍路とこの二十一ヶ所巡りの功徳は同じと述べられており、奈良に小規模な遍路を開設しようとしたのであろう。寛政12年（1800）開版の「南京洛中洛外弘法大師八十八ヶ所順拝図」（143ページ）にある八十八ヶ所霊場に先行して開創された、原型のような霊場と考えられる。御詠歌は、例えば第1番十輪院は寂蓮の歌、第10番空海寺は藤原俊成の歌であり、寺院独自の御詠歌というよりは既成のものが充てられている。

（三宅）

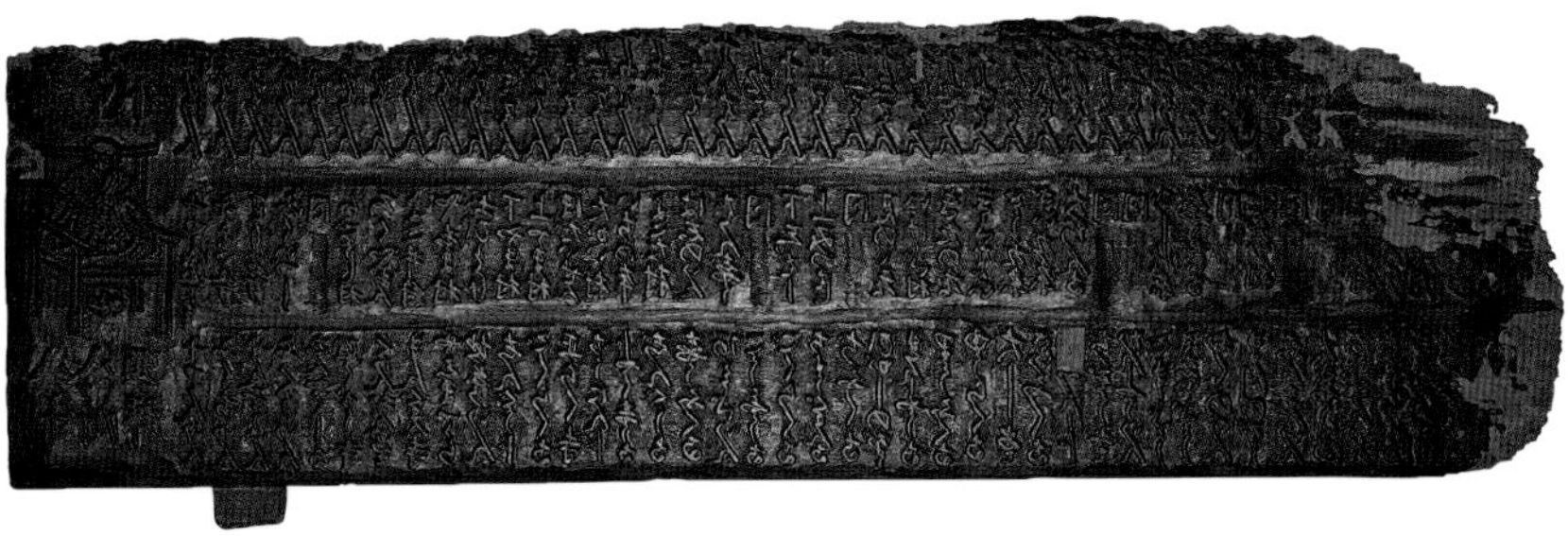

1番～44番

1番～44番（拓影反転）

＊南京洛中洛外弘法大師

八十八ヶ所順拝霊場一覧版木　2枚

木製

（1番～44番）縦13・3 横46・0 厚1・3

（45番～88番）縦13・9 横46・3 厚1・5

寛政12年（1800）

十輪院所蔵

「南京洛中洛外弘法大師八十八ヶ所順拝図版木」（143ページ）に描かれた霊場の一覧である。45番～88番の版木の末尾に「寛政十二年庚申八月廿一日／世話人／形屋文治良／墨屋涼貞／□屋□兵衛」とあり、順拝図（143ページ）とともに寛政12年（1800）に作成されたことが知られる。十輪院を起点とした奈良盆地北部の霊場順拝で、十輪院主導で開設されたのであろう。二十一ヶ所霊場と同じく、弘法大師信仰を霊場巡りという形で盛り上げるため、そのガイドブックとしてこれらの版木が制作されたと推測される。（三宅）

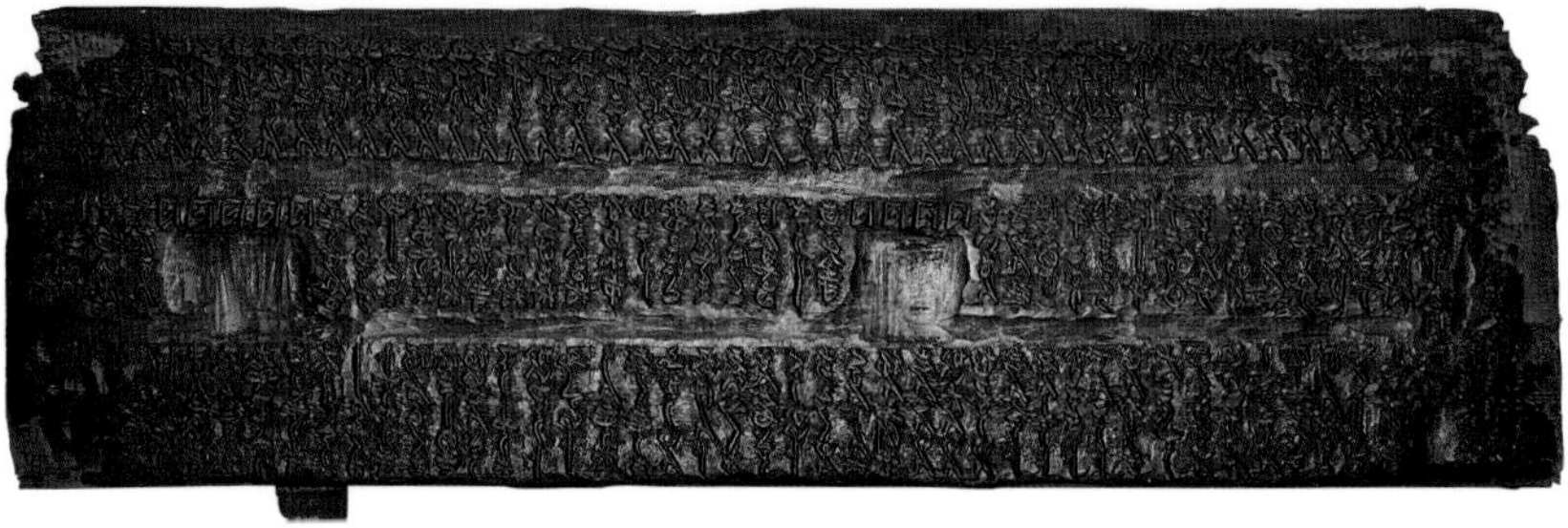

45番～88番

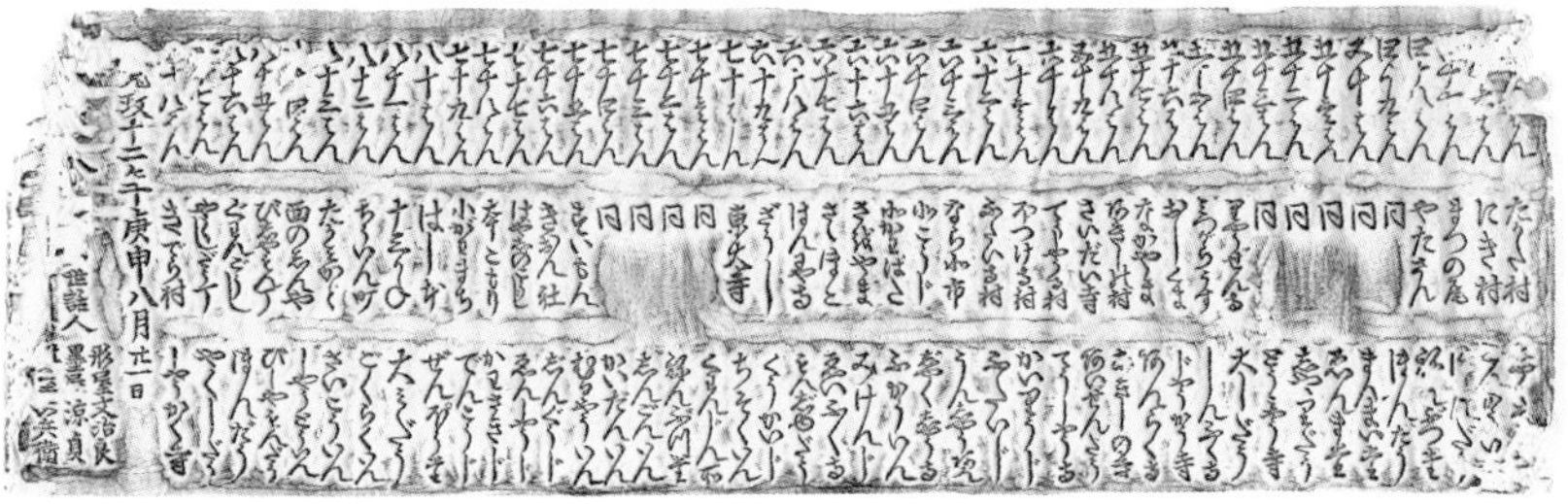

45番～88番（拓影反転）

南京洛中洛外弘法大師
八十八ヶ所順拝図版木　1枚
木製
縦45・8 横29・5 厚1・5
寛政12年（1800）
十輪院所蔵

十輪院を起点とした現在の奈良・天理・大和郡山・生駒市域などを含む奈良盆地北部の霊場巡りの案内図の版木である。十輪院が起点の霊場で、版木も十輪院による開版であることから、この霊場の開設は十輪院主導でなされたと考えられる。十輪院から東へ出て南下し、弘仁寺辺りから西へ、西の京、矢田山などを巡る時計回りの順路で、紀寺町正覚寺が満行の地となっている。（三宅）

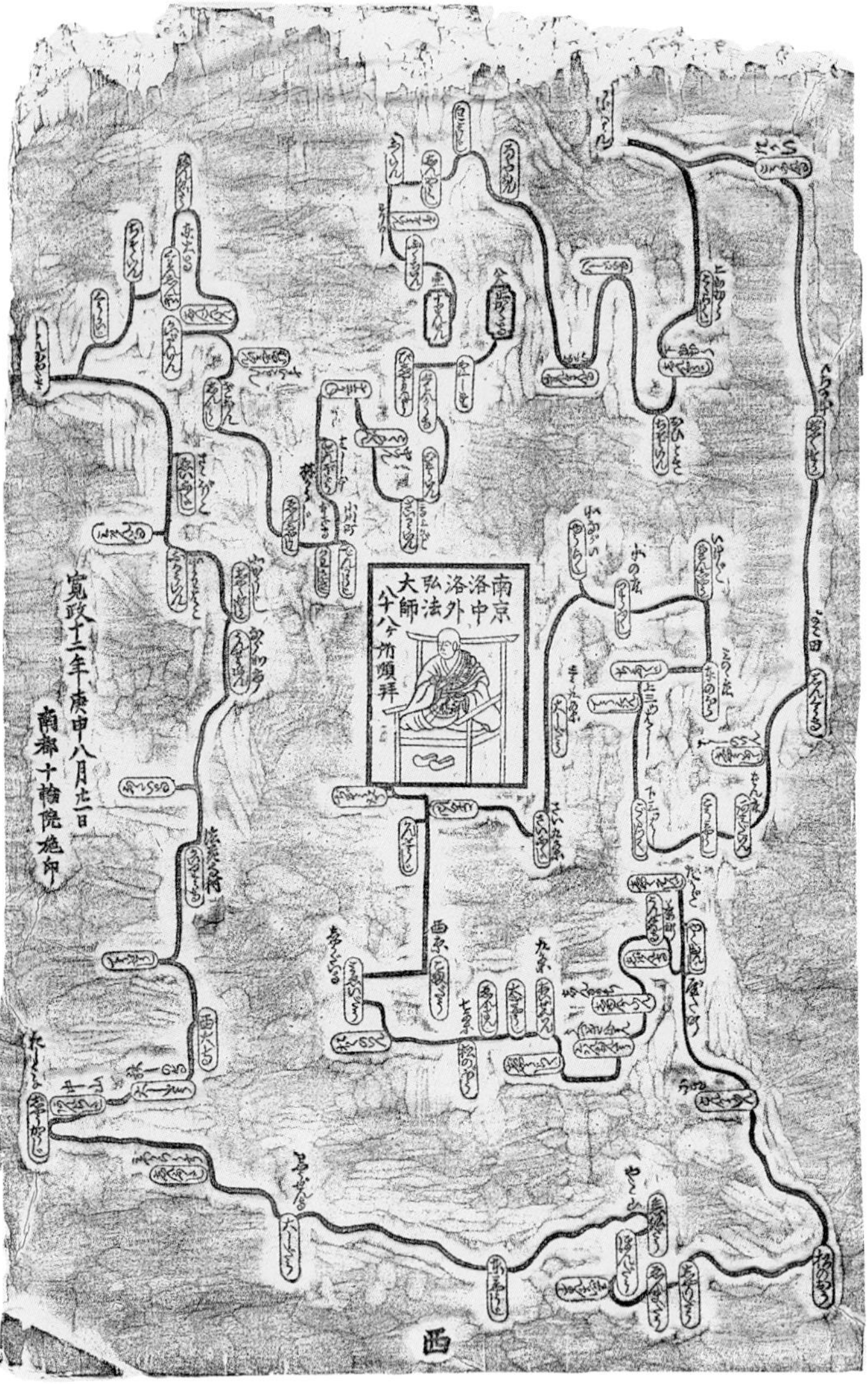

（拓影反転）

第5章

新生十輪院の誕生

第1節 十輪院の中興と新展開

第4章でみた通り、江戸時代前期の十輪院では、真言僧がそれぞれ寺庵を構え、「御影供衆《みえいくしゅう》」として寄り合って惣寺組織「惣中《そうちゅう》」を構成し、特定の住持（住職）は置かれず複数人の年預《ねんよ》が惣中を代表していました。しかしこうしたあり方は享保年間（１７１６〜１７３６）に大きく変容することになります。

十輪院の再編と法寿庵

安永９年（１７８０）『南都十輪院記』の「奥贅」（148ページ）によれば、十輪院にはもともと僧坊7宇があったのが、享保年間に1坊を残して他の寺庵は廃絶したといいます。これより後、十輪院の歴史に登場するのが中興1世の生覚《しょうがく》です（149ページ）。生覚以後、「惣中—年預制」は廃され、住持のもとに一元的に運営するあり方へと変容しました。

生覚のように「生」の字を持つ僧侶としては、『地蔵講式』（106ページ）などを書写し、御影堂再興（128ページ）の施主にもなった生哲《しょうてつ》や、理源大師 聖宝《しょうぼう》像（126ページ）の倚子天板裏銘にみえる生《しょう》安《あん》など、江戸時代前期の十輪院法寿庵の僧侶がいます。おそらくは7庵が廃絶していくなか十輪院を実質的に継承したのは法寿庵であったと考えられ、生覚も法寿庵の僧侶であったと考えられます。

中興1世生覚

生覚については、十輪院文書では一次史料を欠きますが、宝暦9年（１７５９）帯解寺で伝法灌頂が行われた際に「南都十輪院生覚」が参加していることが帯解寺所蔵『伝法灌頂聞書』（150ページ）で確認できます。この伝法灌頂を執行した帯解寺光 鏡《こうきょう》は、時の十輪院住持生海の求めに応じて星曼荼羅や『南都十輪院記』（17ページ）を制作しており、十輪院とは深い関係にありました。十輪院所蔵打《う》敷《しき》の下張り文書には光鏡をはじめ周辺寺院の真言僧らの書状が含まれており、十輪院僧をとりまく法縁ネットワークを垣間見ることができます（151ページ）。

2世生空と3世生海

生覚が宝暦11年（１７６１）に入寂した後の住持は、賢清房生空《けんせいぼうしょうくう》に継承されました。中興2世生空は明和2年（１７６５）に地蔵堂覆堂《おおいどう》が修復された際に「十輪院沙門生空」との署名があり（合の間発見板片墨書）、このとき住持に在任していたと考えられます。

続く中興3世は亮照房生海《りょうしょうぼうしょうかい》です。天明7年（1787）に星曼荼羅図の書写、安永9年（1780）に『平城十輪院縁起』（18ページ）および『南都十輪院記』の制作を帯解寺光鏡に依頼した住持です。光鏡とはひときわ関係が深く、あるいは師弟関係にあったのかもしれません。生海の時代は、『平城十輪院縁起』、『南都十輪院記』のほか、安永9年7月の魚養塚碑文採拓（86ページ）、翌10年の十輪院略記の開版など、十輪院の由緒を整えていく取り組みが顕著です。生覚によって中興再編された新しい十輪院の運営が軌道に乗るにあたり、寺史が顧みられて、由緒が重視された時代だったということでしょう。（服部）

中興後の十輪院歴代

1	生覚	宝暦11年（1761）入寂。
2	賢清房生空	安永8年（1779）入寂。
3	亮照房生海	寛政3年（1791）入寂。
4	浄観房生賢	文化14年（1817）入寂。
5	空渓房生識	天保9年（1838）入寂。
6	法如	天保9年（1838）以降在任。入寂年未詳。
7	快助	明治5年（1872）入寂。
8	賢清房識運（梅澤識運）	明治25年（1892）入寂。
9	玉置隆範	明治26年（1893）頃在任。入寂年未詳。
10	中村秀栄	昭和8年（1933）入寂。
11	橋本渓聲	昭和24年（1949）入寂。
12	橋本純道	平成17年（2005）入寂。
13	橋本純信	平成8年（1996）就任。令和元年（2019）退任。
14	橋本昌大	令和元年（2019）就任。

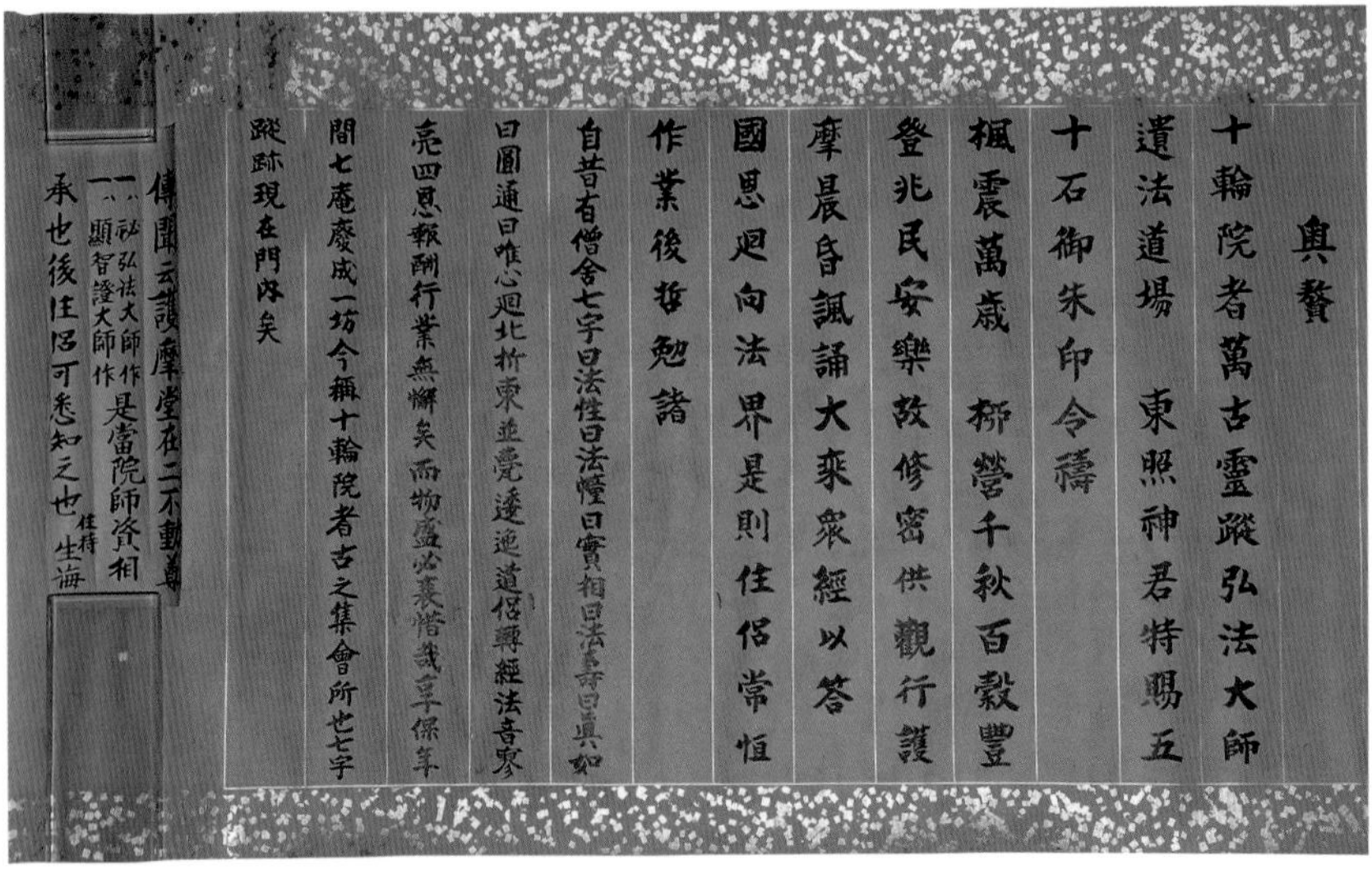
奥賛
十輪院者萬古霊蹤弘法大師
遺法道場　東照神君特賜五
十石御朱印令禱
楓震萬歳　柳營千秋百穀豊
登兆民安樂故修密供觀行護
摩晨昏諷誦大乘衆經以答
國恩廻向法界是則住侶常恒
作業後哲勉諸
自昔有僧舎七字曰法性曰法幢曰實相曰法寿曰眞如
曰圓通曰唯心廻北折東並甍逶迤道侶轉經法音寥
亮四恩報酬行業無懈矣而物盛必衰悲哉享保年
間七庵廢成一坊今稱十輪院者古之集會所也七宇
蹤跡現在門内矣
傳聞云護摩堂在二不動尊
一ハ祕弘法大師作　是當院師資相
一ハ顯智證大師作
承也後住侶可悉知之也　住持生海

南都十輪院記より「奥賛」　1巻
紙本墨書　（第2紙）縦30・4　横48・2
江戸時代
十輪院所蔵

安永9年（1780）に帯解寺光鏡によって著された『南都十輪院記』（17ページ）の末尾に「奥賛《おくぜい》」と題された小文がある。それによれば、十輪院には昔から法性庵、法幢庵、実相庵、法寿庵、真如庵、円通庵、唯心庵という僧房7宇があり、境内の北へ廻って東に折れて甍《いらか》を並べており、十輪院はかつてその集会所であった。しかし享保年間（1716〜1736）に7庵が廃れて1坊になったという。江戸時代前期の御影供衆の真言宗僧侶からなる惣中を年預が代表していた運営のあり方から、江戸時代中期以降の住持のもとで一元的に運営していく体制への転換を読み取ることができる。

（服部）

＊生覚阿闍梨像　1幅
絹本著色　縦98・0 横41・3
江戸時代
十輪院所蔵

江戸時代半ばの十輪院中興1世生覚の肖像である。伝法灌頂の伝灯大阿闍梨の姿として描かれている。十輪院惣中を年預が代表していた体制が転換し、初めて十輪院の住持となった僧侶と考えられる。過去帳にも「第一世」と記され、十輪院の歴代はこの生覚から数えられている。肖像画が残される歴代住持は生覚のみであり、十輪院の寺史認識においても生覚が中興としてとりわけ重視され、その時代が十輪院の一大画期と認識されていたことをうかがわせる。（服部）

伝法灌頂聞書

紙本墨書　縦21・7　横15・6　1冊
宝暦9年（1759）
帯解寺所蔵

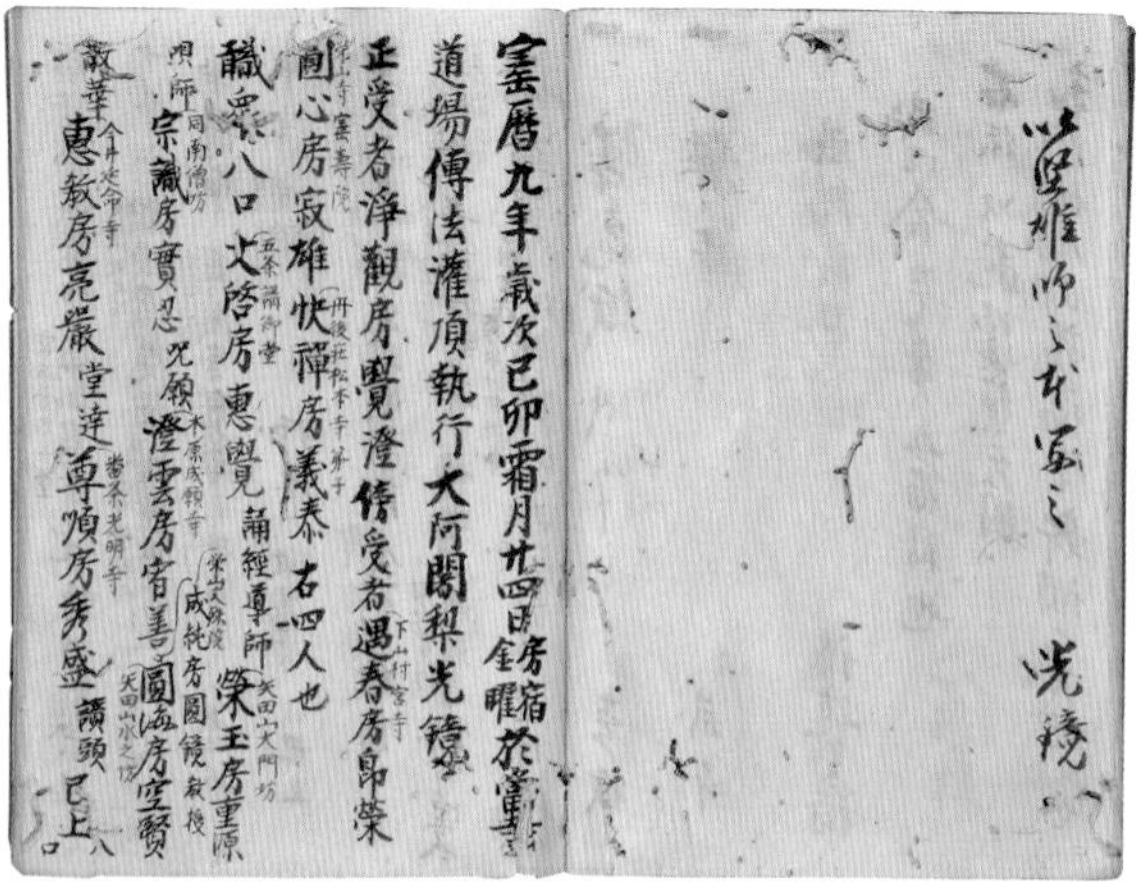

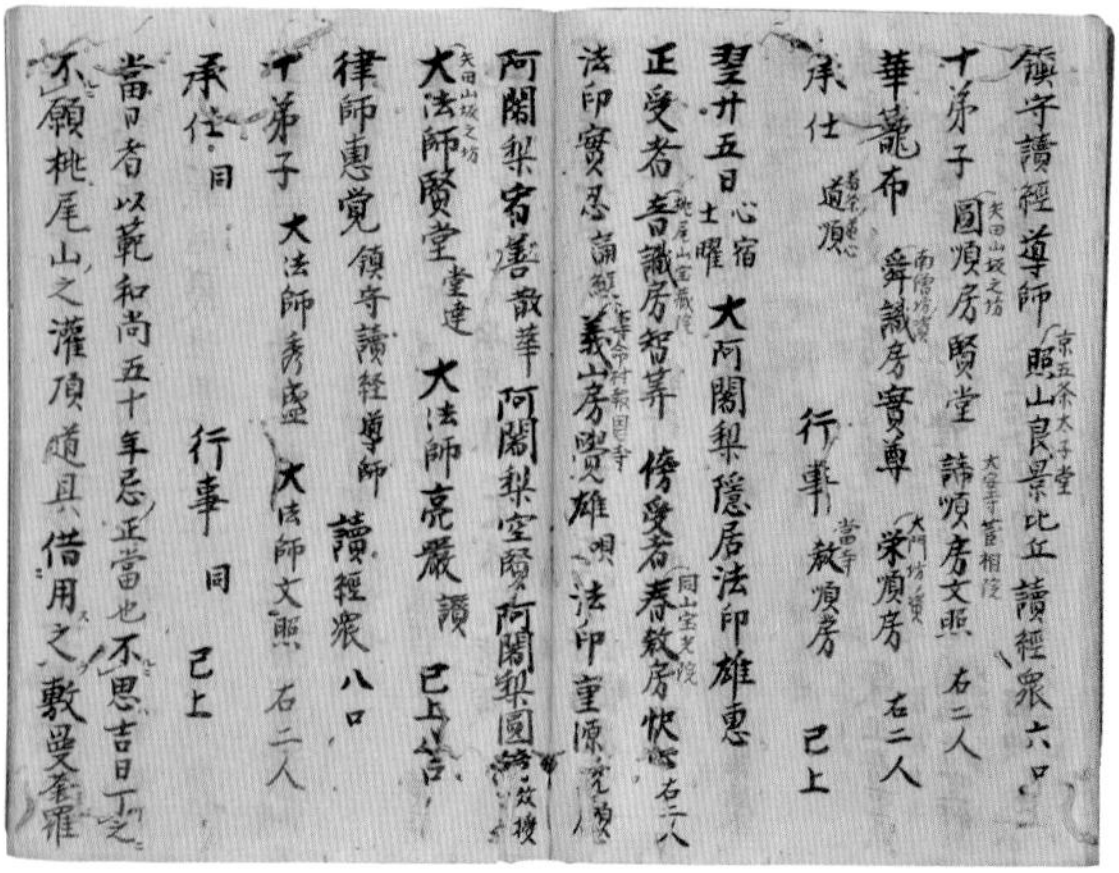

帯解寺光鏡を大阿闍梨《だいあじゃり》として宝暦9年（1759）11月24日と25日に執行された伝法灌頂の記録である。24日は正受者が浄観房覚澄、傍受者が下山村宮寺円満寺の遇春房即栄、宇智郡栄山寺宝寿院の円心房寂雄、丹後荘村松本寺の快禅房義泰、25日は正受者が桃尾山宝蔵院の善識房智算、傍受者が桃尾山宝光院の春教房快心であった。両日とも、宇智郡五條講御堂寺《こうみどうじ》、矢田山大門坊・南僧坊、栄山寺文殊院などから職衆や十弟子などの役者が出仕した。参詣随喜に、唐招提寺や菩提山、桃尾山、矢田山の僧侶とともに「南都十輪院生覚」が確認される。十輪院中興1世生覚に関わる貴重な史料であるのと同時に、十輪院と帯解寺をはじめとする真言宗寺院の僧侶らとの法縁関係についてもよく理解することができる。

（服部）

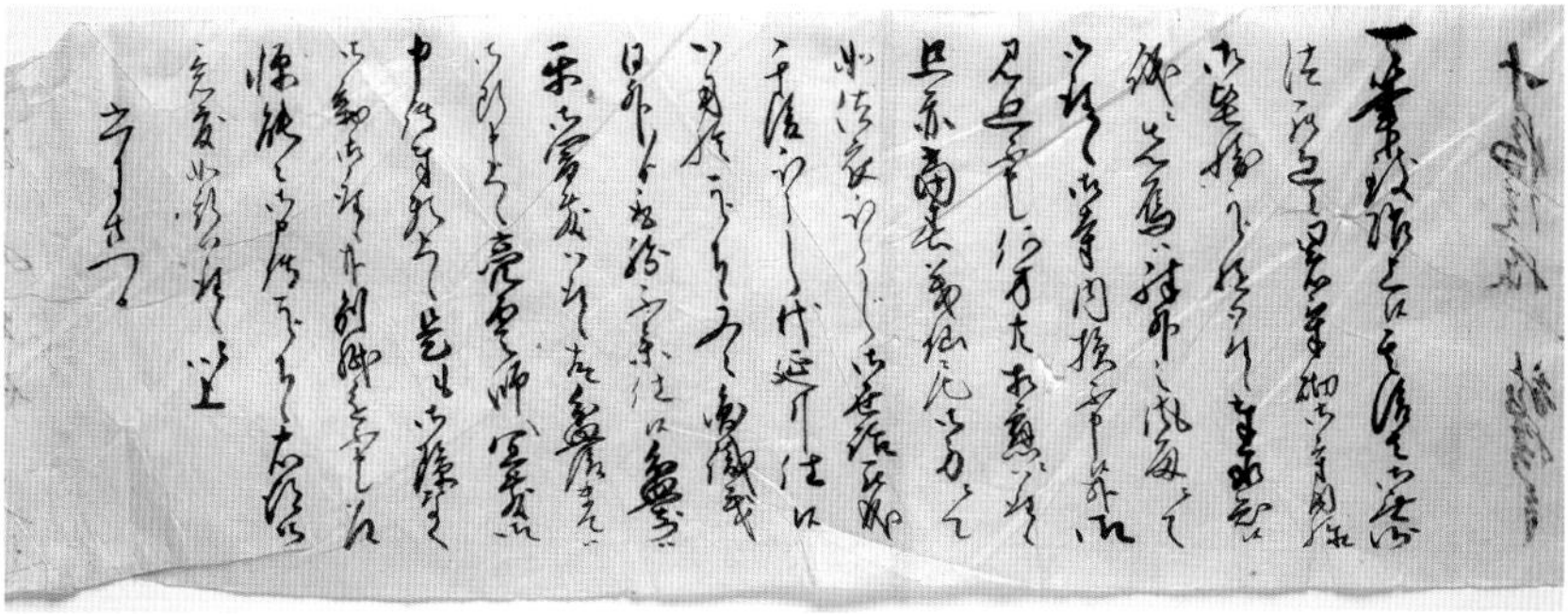

龍複寺某書状

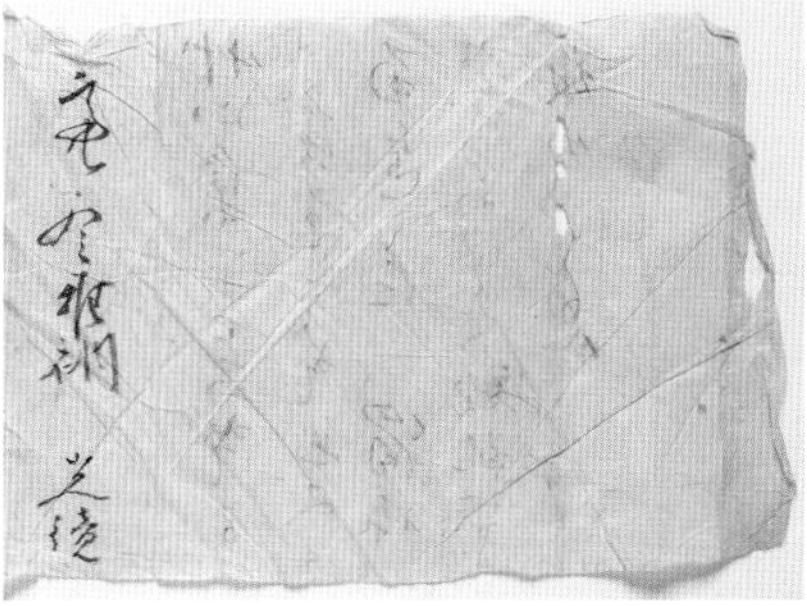

（同・端裏書）

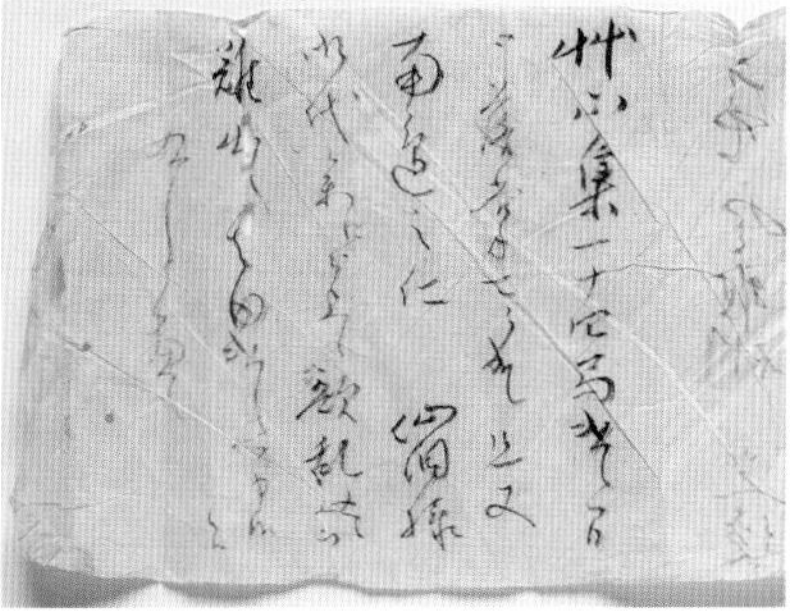

光鏡書状

＊打敷下張り文書　11通

紙本墨書　縦16・2
江戸時代
十輪院所蔵

先々代の橋本純道住職のときに打敷《うちしき》が修復された際に下張り文書が見出された。江戸時代中期、天明末年から寛政初年（1790年前後）の書状など11通が確認される。十輪院中興4世住持となる浄観房《じょうかんぼう》生賢《しょうけん》が十輪院入寺前に、法華寺村海龍王寺や森本村本光明寺に入寺する話があったことを伝える「寂照寺某書状」、円証寺に入寺する話があったことを伝える「東坊書状」などの生覚に関わる書状のほか、桃尾山龍福寺住心院や帯解寺光鏡の書状などがある。周辺の寺院や僧侶との日常的なやり取りを伝える書状群である。（服部）

第2節　施主の広がりと信仰の多様化

寛政3年（1791）十輪院中興3世亮照房生海《りょうしょうぼうしょうかい》の入寂後、同4年（1792）「旧記写」（十輪院聖教）を初見として、浄観房生賢《じょうかんぼうしょうけん》が住持として確認できます。生賢は「地蔵菩薩本願経」（十輪院聖教）の奥書に自ら「当院中興第四世」と記しており、生覚以来の中興4世であることを自認していたことが分かります。

檀信徒の拡大

生賢の代は、先代の生海《しょうかい》のときに確立した十輪院縁起によってその由緒が盛んに広められ、信仰が拡大していった時代でした。寛政7年（1795）には雨宝童子像（154ページ）の修復、同9年には弁財天十五童子像の開眼供養、文化2年（1805）には表門冠木《かぶき》と位牌堂（御影堂）の修復、同4年（1807）には門内石の新調など、堂舎・什物の修復や境内整備の様々な面で大きな事績を残しました。

次の中興5世空渓房生識《くうけいぼうしょうしき》の代には、文化4年に檀家と地蔵菩薩像引導の過去霊名簿が作成されています。江戸時代の十輪院は徳川将軍の位牌を祀ってその菩提を弔う朱印寺院でしたが、この頃には檀家も確認でき、さらに他寺の檀家であっても、五七日《ごしちにち》などに本尊地蔵石仏龕で死者を引導する供養が行われることもありました。江戸時代後期の十輪院では確実に檀信徒が広がり、それを背景に什宝物の整備が行われていたのです。

『大般若経』の具経

とりわけ注目されるのは、『大般《だいはん》若波羅蜜多経《にゃはらみったきょう》』（『大般若経』、156ページ）の具経《ぐきょう》です。600巻に及ぶ『大般若経』を揃えるには莫大な費用がかかり、多数の施主を募る必要があります。寛政9年（1797）、生賢は多くの施主を得てこの一大事業を成し遂げ、12箱の木箱とともに『大般若経』を揃えました。

この『大般若経』には228巻分に寄進銘が記されており、近隣の奈良町の町々のみならず、京終村、紀寺村、大安寺村、北ノ荘村（以上奈良市）、蔵之荘村（天理市）、美濃庄村（大和郡山市）、毛原村（山添村）などの近郊農村、遠くは京、木津、大坂などからも奉加があったことが分かります。巻第29・30には能楽師の金春宗家70世の金春八郎隆庸《こんぱるはちろうたかのぶ》といった名もあります。巻第197~206の10巻分の施主となった高天《たかま》市町《いちちょう》の秋田屋利助は、尊勝曼荼羅(155ページ)や不動明王像、弁財天十五童子像など多くの絵軸の表装を修復する施主となっています。この時期の十輪院の有力な旦那でした。当時の十輪院を支えた社会関係の広がりの様子を知ることができます。

『大般若経』を具《そな》えた十輪院では、その転読法要が年中行事として行われるようになったと考えられます。法要の参列者に配られた大般若経転読札の版木が残されています。大般若経会の本尊となるのが釈迦十六善神像(157ページ)です。十輪院に残される釈迦十六善神像は天保14年(1843)に新調されたものですが、そのときも多くの施主が奉加しました。

そのうち生嶋小右衛門も、文政13年(1830)に弘法大師像厨子修復の施主となるなど有力な檀信徒であったことが確認できます。

忍辱山円成寺から入寺した快助

5世生識《しょうしき》が天保9年(1838)に入寂した後、仁和寺龍肝《りゅうかん》の弟子であった法如《ほうにょ》という僧が十輪院住持になったようですが(十輪院文書「当寺代々過去帳」)、詳細は分かりません。嘉永3年(1850)頃には、忍辱山円成寺知恩院の快助《かいじょ》が、「兼住後見」として十輪院の寺務を実質的に担っていたようです。その後安政6年(1859)、将来の十輪院住持を嘱望されていた勝丸が多年病気により里帰りすることになり、円成寺知恩院の快助は十輪院住持として激動の幕末・維新期の十輪院の舵取りを担うことになります。

現在、十輪院には円成寺知恩院からもたらされたと考えられる古文書や聖教、仏画が少なからず伝えられています。浄土宗の画僧明誉《みょうよ》古磵《こかん》による釈迦三尊十六羅漢像(160ページ)はその一つです。その移動には、快助が円成寺知恩院から十輪院に入寺したことが関わると考えられます。

その他、十輪院に伝来した鎌倉時代の十六羅漢像(158・159ページ)も、天正6年(1578)、宝永7年(1710)の修補を経て、弘化2年(1845)に施主を得て修補されています。中世以来の重層的な信仰と保存への努力が快助の代まで引き継がれていたことがうかがえます。

(服部)

雨宝童子像　1幅

紙本著色　縦109・0　横47・0
江戸時代（17世紀）
十輪院所蔵

雨宝童子を中心に、上辺に日月、向かって左脇に子島荒神、右に愛染明王、下辺には毘沙門天、大黒天および弁才天の眷属にあたる十五童子があらわされる珍しい作例である。巻止には寛政7年（1795）に中興4世にあたる生賢が表装修復を施したことが記される。伝世資料に種々混交した本図のような作例があることは当寺の多様な信仰をうかがわせる。

（植村）

□尊勝曼荼羅図　1幅
絹本著色　縦59・1　横36・8
鎌倉時代（14世紀）
十輪院所蔵

智拳印を結ぶ金剛界大日如来を中心に八大仏頂尊を配し、下方の半月輪には降三世明王、三角中に不動明王を配した、尊勝曼荼羅と称される別尊曼荼羅である。同曼荼羅は、天変地異を除くために行われる尊勝法の本尊として祀られる。

旧軸裏と考えられる紙片には、高天町の秋田屋利助夫妻が先祖代々供養ならびに家運紹隆他を願い、寛政9年（1797）に表具修理の寄進者となっている。秋田屋夫妻は本図のほかにも、不動明王像や弁才天十五童子像をはじめいくつか修理寄進を行っている。

（植村）

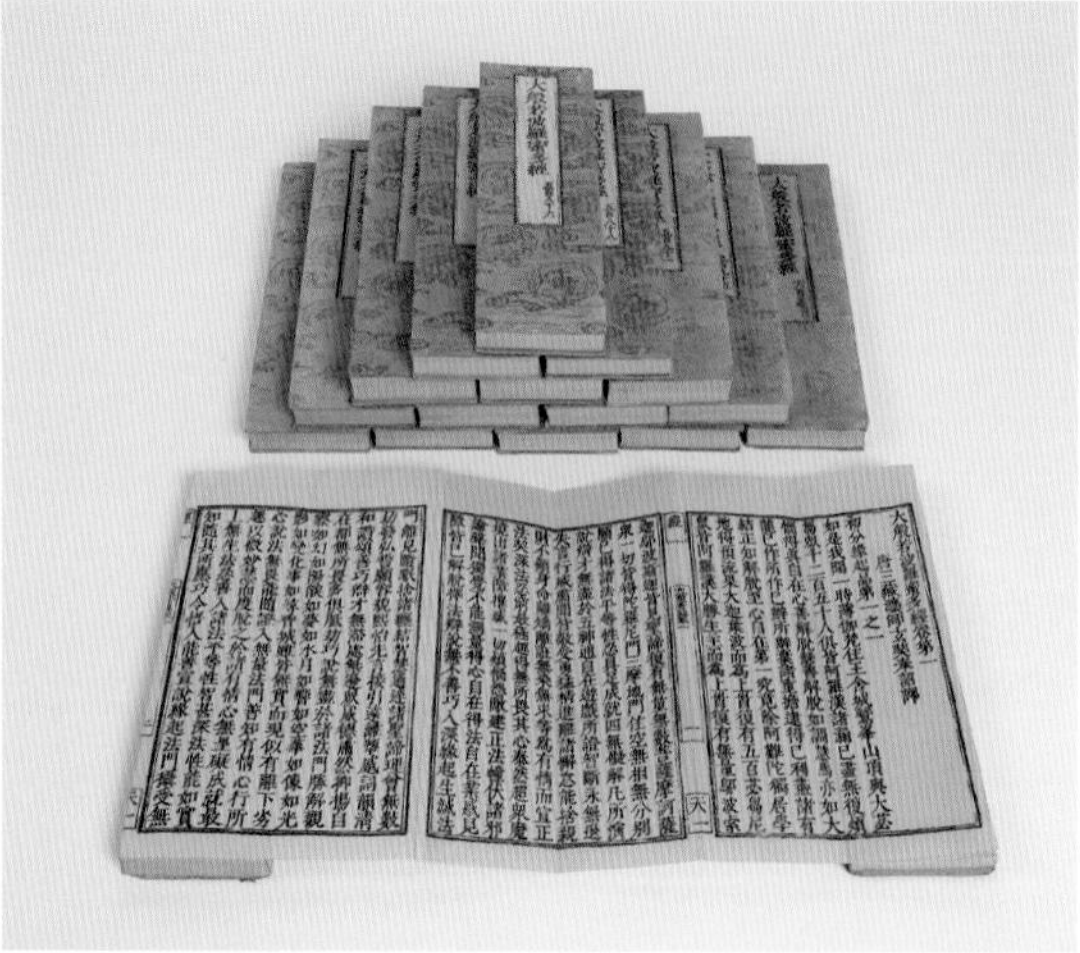

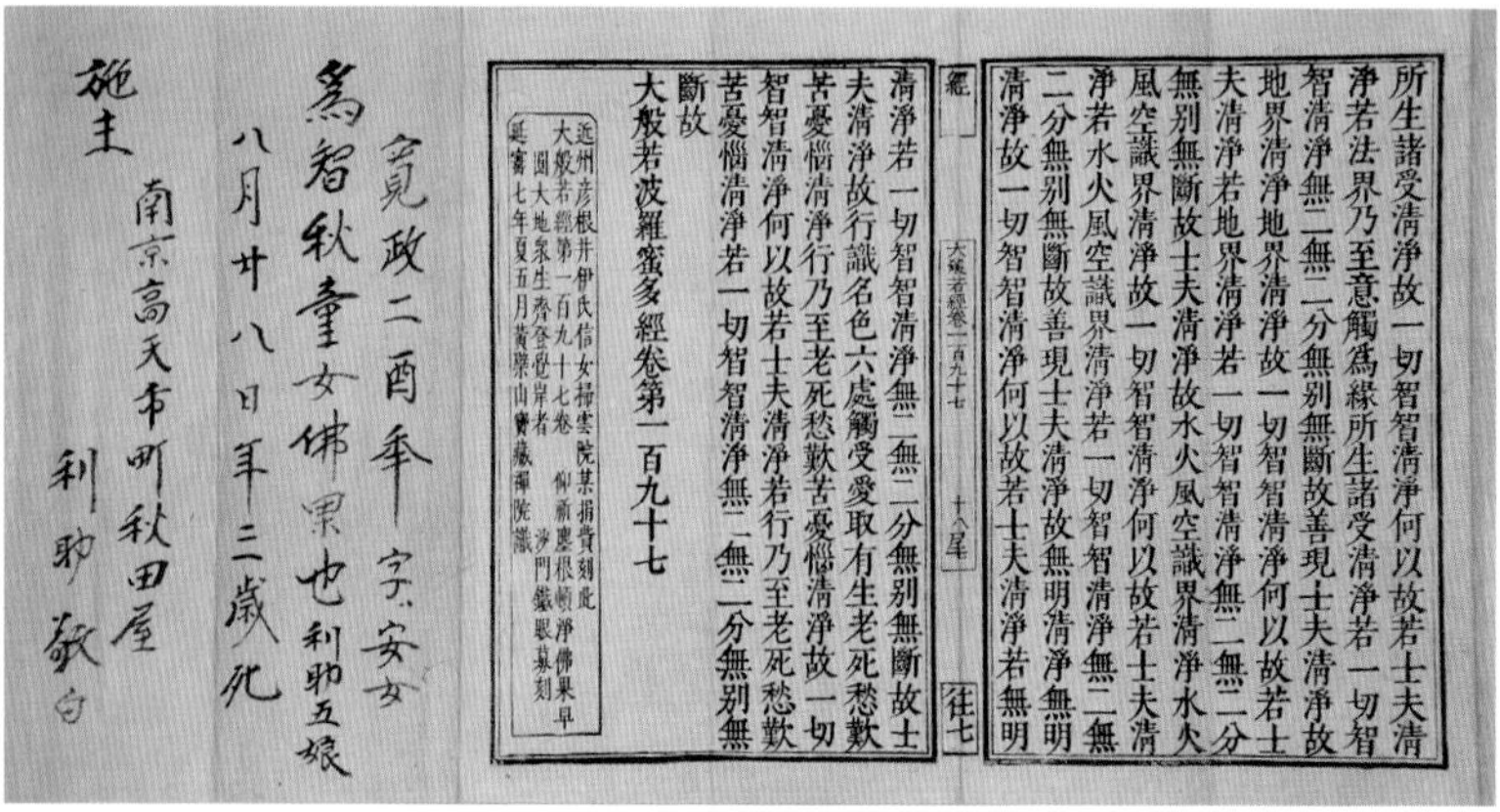

所生諸受清淨故一切智智清淨何以故若士夫清
淨若法界乃至意觸爲縁所生諸受清淨若一切智
智清淨無二無二分無別無斷故善現士夫清淨故
地界清淨地界清淨故一切智智清淨何以故若士
夫清淨若地界清淨若一切智智清淨無二無二分
無別無斷故士夫清淨故水火風空識界清淨水火
風空識界清淨故一切智智清淨何以故若士夫清
淨若水火風空識界清淨若一切智智清淨無二無
二分無別無斷故善現士夫清淨故無明清淨無明
清淨故一切智智清淨何以故若士夫清淨若無明

經　大般若經卷一百九十七　十八　尾　往七

清淨若一切智智清淨無二無二分無別無斷故士
夫清淨故行識名色六處觸受愛取有生老死愁歎
苦憂惱清淨行乃至老死愁歎苦憂惱清淨故一切
智智清淨何以故若士夫清淨若行乃至老死愁歎
苦憂惱清淨若一切智智清淨無二無二分無別無
斷故
大般若波羅蜜多經卷第一百九十七

近州彦根井伊氏信女掃雲院某捐貲刻此
大般若經第一百九十七卷　仰祈塵根頓淨佛果早
圓大地衆生齊登覺岸者　沙門鐵眼募刻
延寶七年夏五月黄檗山寶藏禪院識

寛政二酉季　字安女
為智秋童女佛果也　利助五娘
八月廿八日年三歳死
施主　南京高天市町秋田屋
利助　敬白

(巻第197識語)

大般若波羅蜜多経　600帖

紙本墨摺
(巻第1・表紙)縦27・6 横8・5
寛政9年(1797)
十輪院所蔵

寛政9年(1797)3月21日、弘法大師空海の正命日に十輪院住持生賢が備えた。黄檗版で全巻揃っており、50巻ずつ計12個の経櫃に収められている。全600巻中228巻に寄進者名が記されている。寄進者は現在の奈良市域が中心であるが、木津、大坂などからの寄進もあった。不動明王二童子像などの表装修復の施主である秋田屋利助は10巻分を寄進している。また、生賢が十輪院以前に住した美濃庄村東之坊からも寄進されている。

(三宅)

釈迦十六善神像　1幅

絹本著色　縦95・3　横41・0

天保14年（1843）

十輪院所蔵

釈迦三尊と十六善神を描いた図で、大般若経会の本尊である。裏面には寄進者の名が多数列記してある。その中、生嶋小右衛門は、文政13年（１８３０）に弘法大師空海像厨子、嘉永３年（１８５０）に「弘法大師尊像」の繧繝縁座を修補し、『三劫《さんごう》三千仏名経《さんぜんぶつみょうきょう》』を寄進した人物である。続いて記される嶋田平右衛門、墨屋源助、絈屋茂八も同経を寄進している。最後に十輪院僧侶３人の署名があるが、後に十輪院７世となる快助の名が末尾に記されている。（三宅）

□十六羅漢像　2幅
絹本著色　各縦96・3　横50・1
鎌倉時代（14世紀）
十輪院所蔵

釈迦の涅槃の後、その教えを守り伝える十六の羅漢をあらわす。8軀ずつ2幅に分けて向き合うようにあらわす点は中央に釈迦三尊を具えた3幅対であった可能性もあろう。構図には定型化の趣があるものの、鎌倉時代後期に遡る優品である。巻止や褾背《ひょうはい》には、宝永7年（1710）の寄進銘及び天正6年（1578）、弘化2年（1845）の修理銘がある。

（植村）

（旧巻止銘）

釈迦三尊十六羅漢像　1幅

紙本墨画　縦125・8　横58・5
明誉古磵筆　江戸時代（18世紀）
十輪院所蔵

草座に坐す釈迦如来と総髪を垂らした文殊・普賢菩薩に十六羅漢を描いた禅画風の作品。向かって右下辺の印章から作者は江戸時代に活躍した浄土宗の画僧明誉《みょうよ》古磵《こかん》（1653～1717）と分かり、おおらかで親しみ深い図容は現在も人気が高い。

巻止には宝永6年（1709）の年紀があり、「忍辱山知恩院」と記されることから円成寺旧蔵と分かる。（植村）

第6章

今に生きる信仰と文化財

今に生きる信仰と文化財

明治維新を迎えると、江戸時代の寺院運営を支えた寺領を失うことになります。十輪院は檀家もあったため、兼務などで無住状態になることもなく、快助の後、梅澤識運、玉置隆範、中村秀栄、橋本渓聲が住職を継承しており、寺院の存続の決定的な危機はありませんでした。明治10年（1877）には檀徒で、奈良随一の産婆として知られていた岡田春《おかだはる》により霊牌堂が境内に造立され、後に森川杜園《もりかわとえん》によって制作された「岡田春女像」が安産と抜苦の守護神として安置されるなど、新たな信仰も生まれました（163ページ）。

明治時代半ば以降には十輪院境内にたたずむ本堂や石造物も「日本美術」としての価値が再発見され、昭和初期にブルーノ・タウトは「奈良に来たら、まず小規模ではあるが非常に古い簡素優美な十輪院を訪れて静かにその美を観照し、また近傍の素朴な街路などを心ゆくまで味わうがよい」と述べています。森鴎外も『奈良百首』で「なつかしき十輪院は青き鳥子等のたずぬる老人《おいびと》の庭」という歌を残しました。水原秋桜子、会津八一（167ページ）をはじめとする文学者のほか、美術史や建築史の学者も多く訪れ、本堂や石造物の学術的な価値が見いだされました。本堂は明治35年（1902）に国宝に指定されています。

一方で、文化財の維持には困難もありました。明治14年（1881）11月には経蔵が大破し修理の見込みも立たないとして、撤去の許可を求める願書が出されています（奈良県行政文書）。結局経蔵は翌15年（1882）5月には現在の東京国立博物館に移築され「旧十輪院宝蔵」として保存されることになりました（47ページ）。また十三重石塔（55ページ）も昭和初期に寺外に流出しており、境内に戻されたのは昭和63年（1988）のことでした。

このような苦難はありましたが、戦後橋本純道代の昭和31年（1956）には、精力的な勧進を経て本堂・南門・地蔵石仏龕の解体修理工事も行われました（165～166ページ）。こうした努力を経て、橋本純信代には新しい寺院のあり方が模索されるとともに、文化財総合調査も行われ、現在に多くの文化財を変わらぬ信仰とともに伝えています。

（服部）

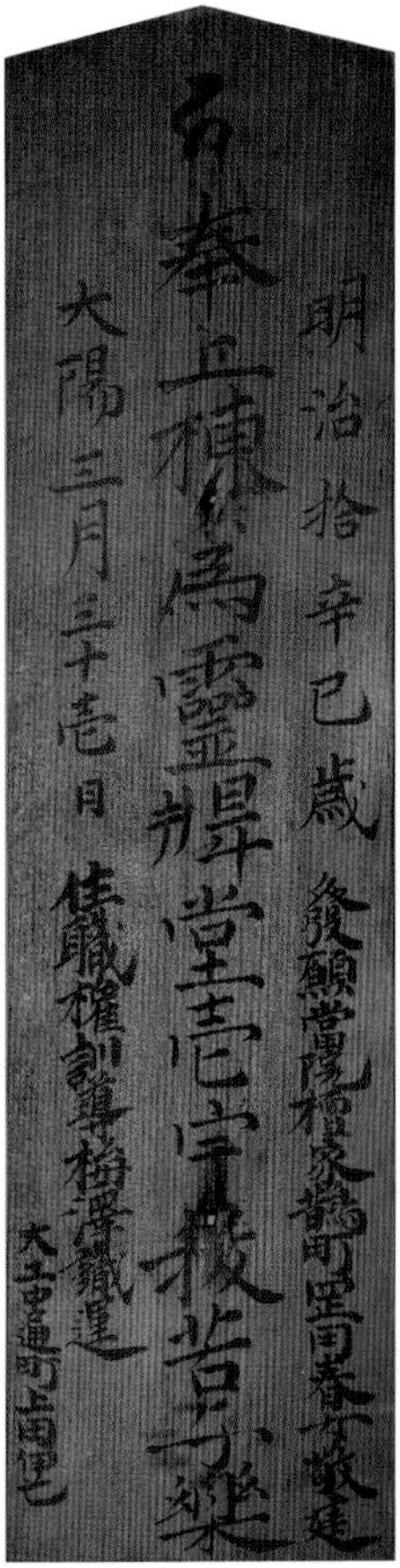

（表）

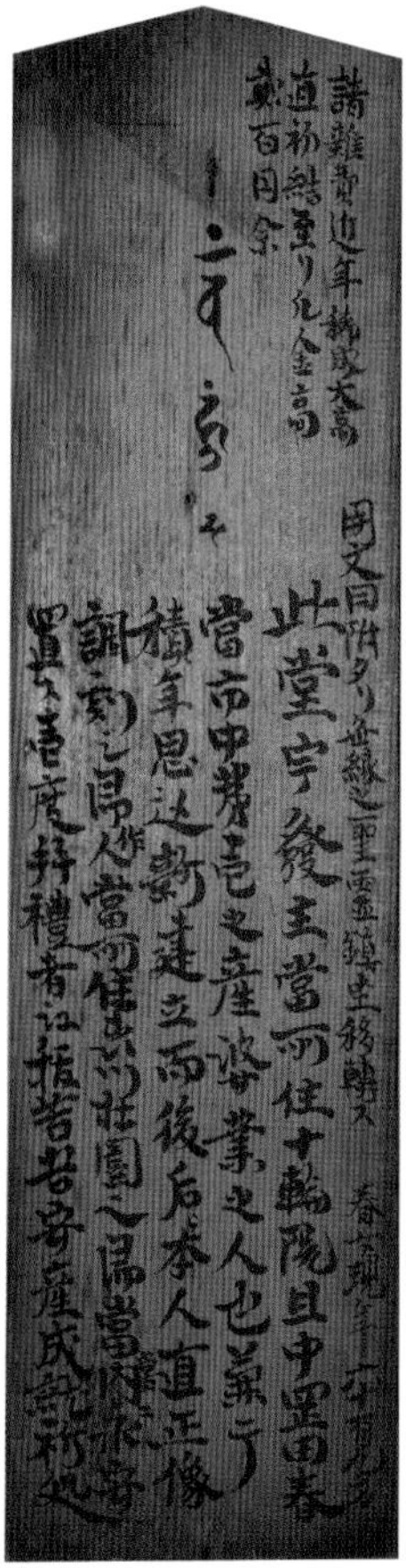

（裏）

霊牌堂造立棟札　1枚

木製墨書
縦46・5 横12・0 厚0・6
明治10年（1877）
十輪院所蔵

明治10年（1877）、産婆・岡田春の発願で霊牌堂が造立された際の棟札である。霊牌堂には同12年（1879）に森川杜園によって造立された岡田春自身の寿像が安置された。岡田春は、「当市中第壱の産婆」として知られていた名人の産婆で、「岡田春女像」は杜園の代表作の一つとして知られる。裏書きには、この像に礼拝する者への抜苦与楽と安産の功徳が説かれており、存命中の人物を祀る新たな信仰が十輪院で生まれていたことがうかがえる。

（服部）

＊奈良市十輪院資料　1冊
紙本墨書　縦27・0　横18・0
昭和11年（1936）〜昭和31年（1956）
奈良県立図書情報館所蔵

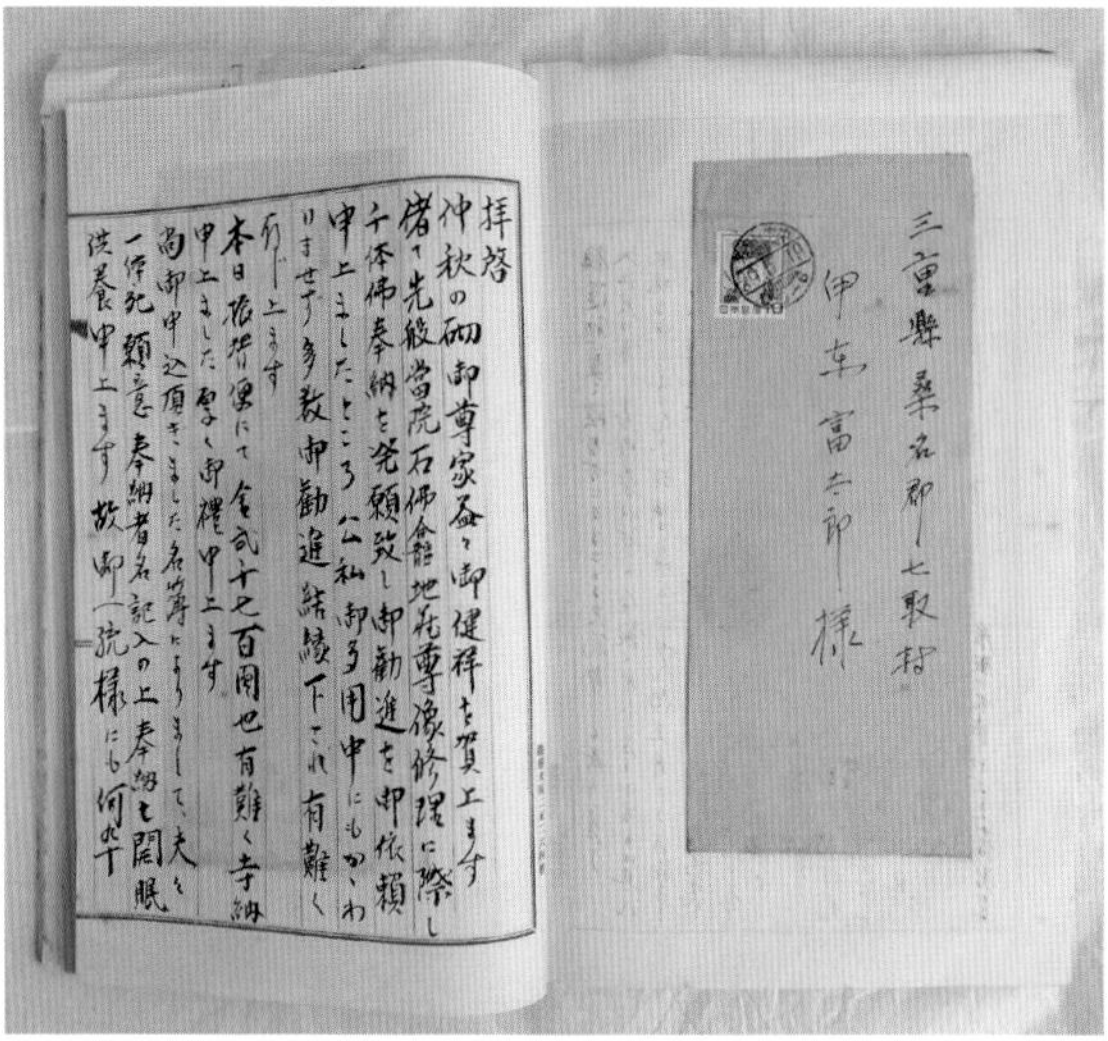
三重県桑名郡七取村
伊東富太郎様

拝啓
仲秋の砌御尊家益々御健祥を賀上ます
偖て先般當院石佛龕地蔵尊後修理に際し
千体佛奉納を発願致し御勧進を御依頼
申上ましたところ公私御多用中にもかかわ
りませず多数御勧進結縁下され有難く
存じ上ます
本日振替便にて金弐千七百円也有難く寺納
申上ました早々御禮申上ます
尚御申込頂きました名簿によりまして、夫々
一体宛頼意奉納者名記入の上奉納し開眼
法養申上ます故御一統様にも何卒

宜しく御風聲賜ります様御願ひ申上ます
又領収証並に新しく出現されました二天
像についての小林博士の説明も御報せ申上
ます
落しくすりましたら是非御参詣をお待ち致
して居ります先づは右御禮旁々寺納御報
告まで　敬具
九月九日　住職　橋本純道
伊東藤富太郎殿
御侍史

本史料は三重県の郷土史家伊東富《いとうとみ》太郎《たろう》の収集・旧蔵にかかる。戦後、十輪院では本堂・南門・地蔵石仏龕の解体修理が行われた。本史料には勧進帳や昭和31年（1956）の本堂落慶法要の案内や記念品など修理工事に関する史料を含み、十輪院が解体修理に際して広く寄附を募っていたことが判明する。伊東の関心は石仏龕の拓本や写真の入手にあったようだが、周囲にも勧めて十輪院へ多額の寄附を行っている。（酒井）

＊本堂・南門・地蔵石仏龕解体修理写真　昭和28年（1953）〜昭和31年（1956）奈良県文化財保存課所蔵

本堂修理前

南門修理前

本堂解体修理工事

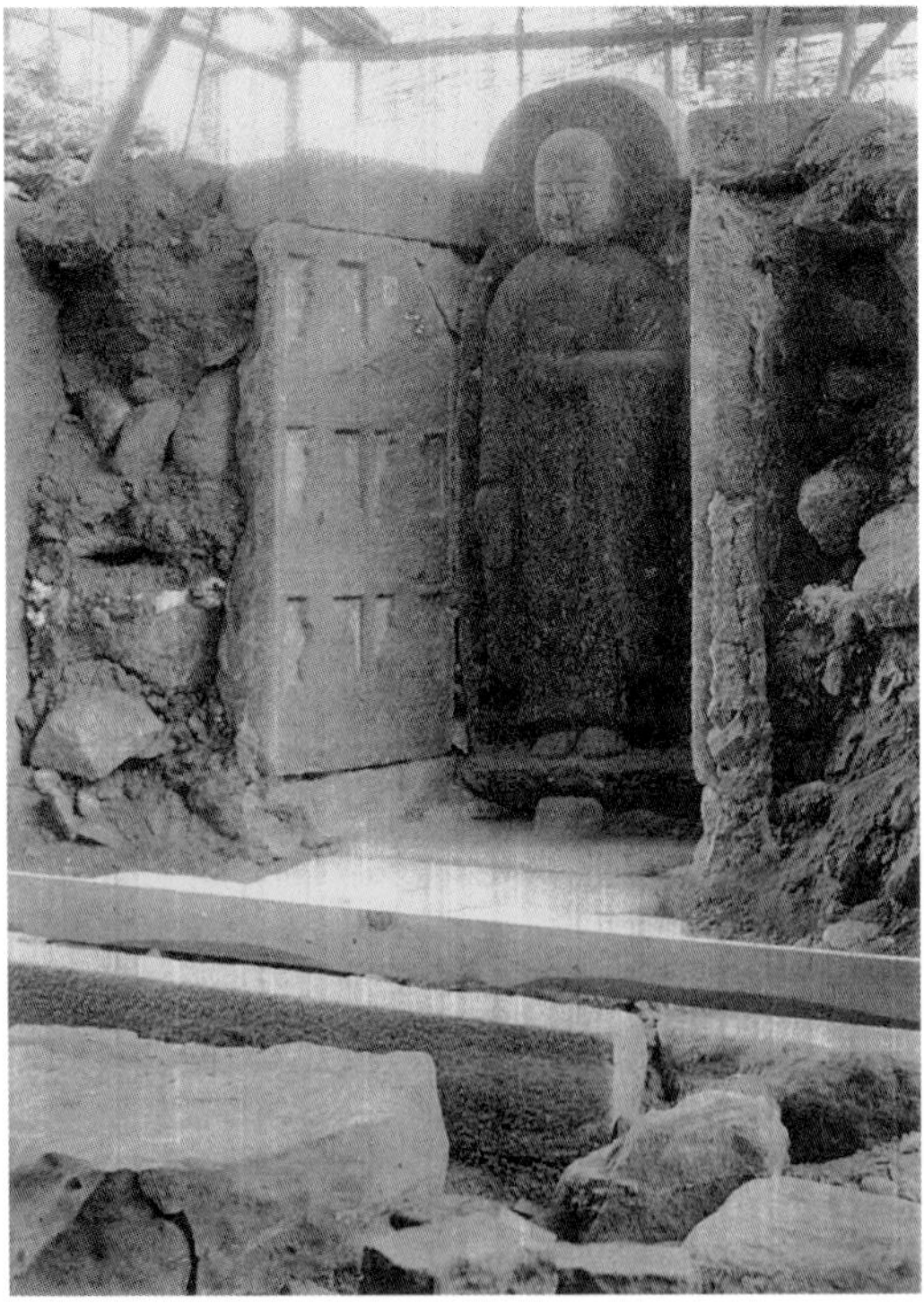

（奈良県教育委員会文化財保存課編　1956より）

地蔵石仏龕修理工事

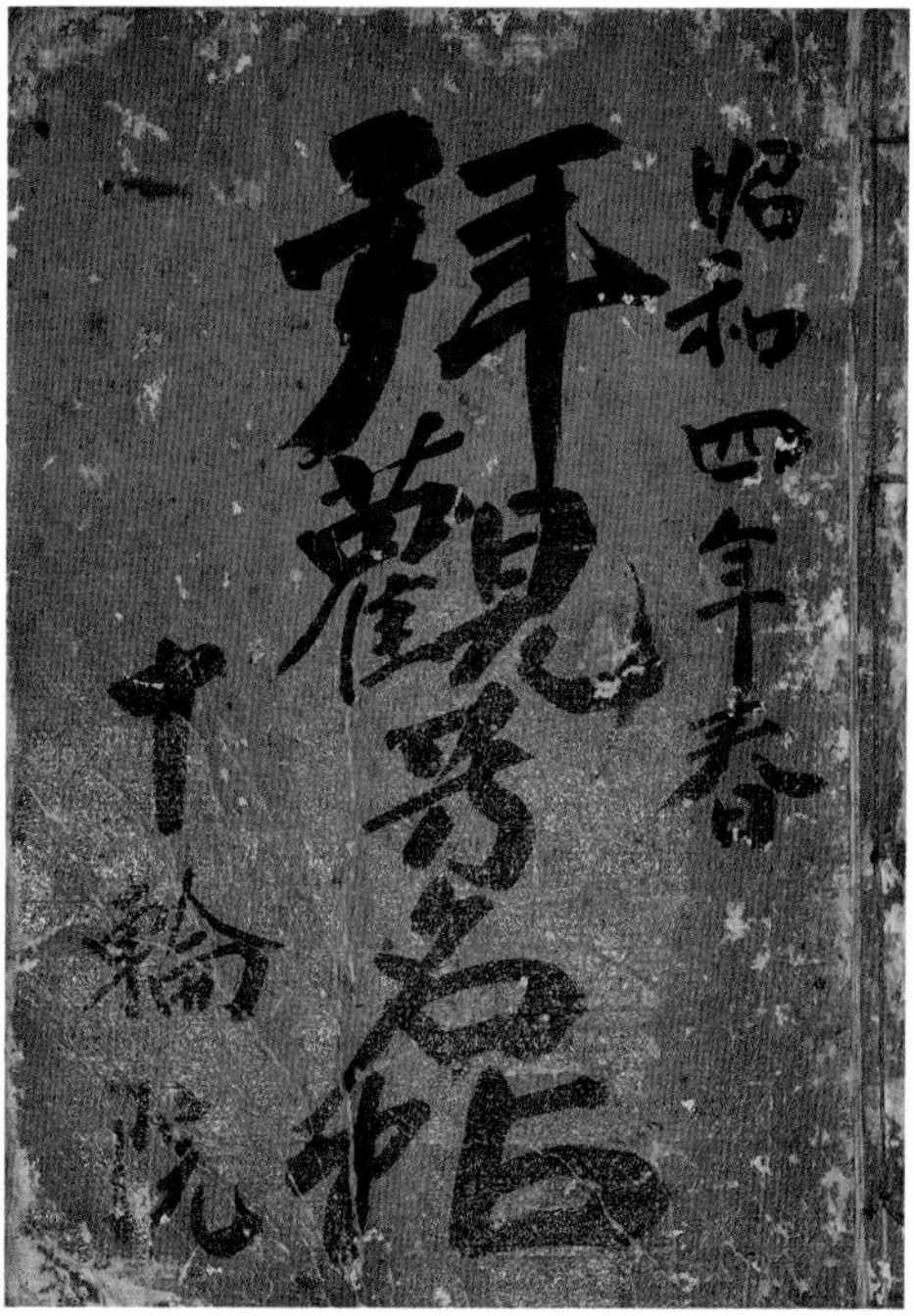

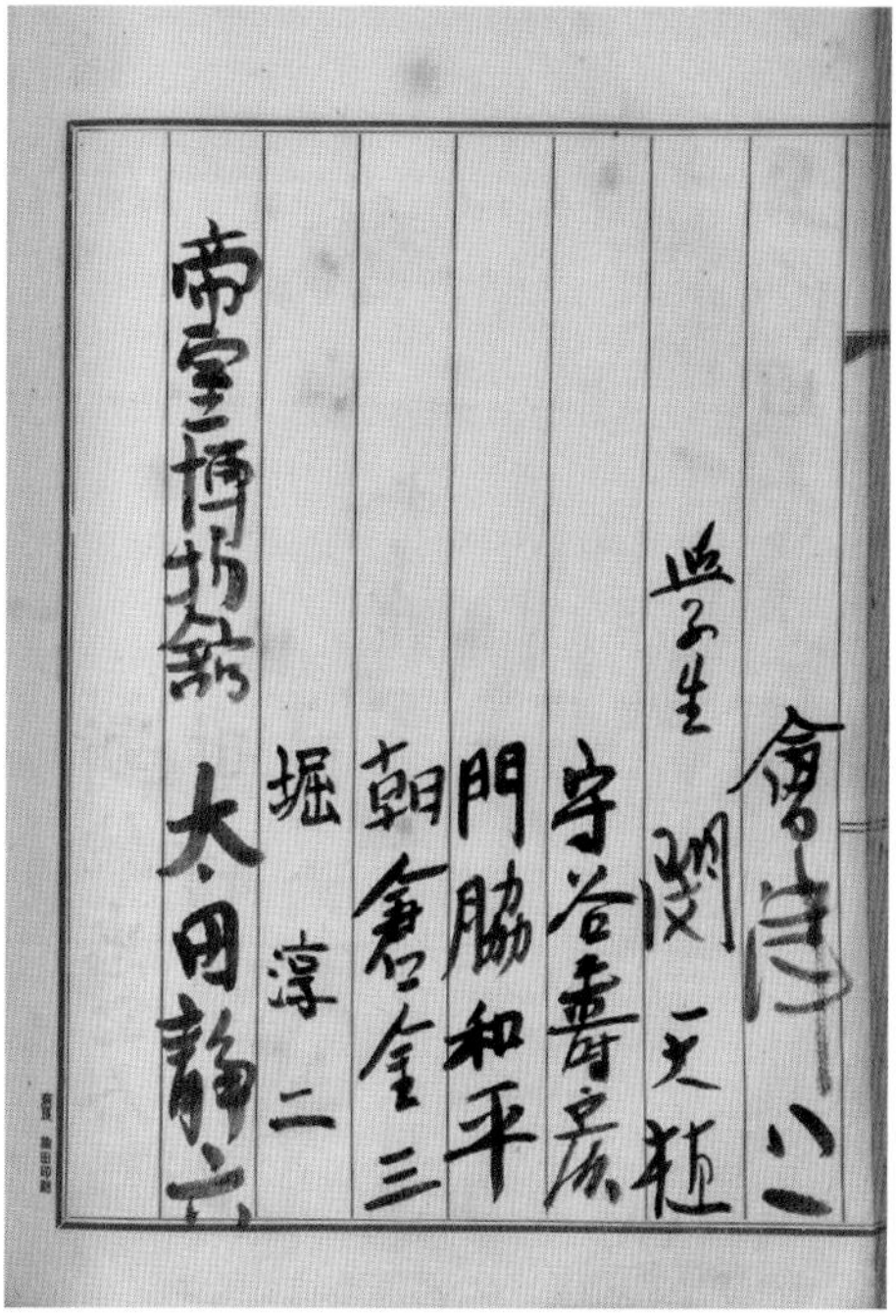

＊昭和四年春拝観芳名帖　1冊
紙本墨書　縦27・5 横19・6
昭和4年（1929）
十輪院所蔵

昭和4年（1929）から昭和37年（1962）にかけての十輪院拝観者の芳名帳である。俳人の会津八一や仏教学者の花山信勝・中村元・藤堂恭俊らのほか、美術品の修理で知られる新納忠之助、鍍金家の石田英一、建築史学者の岸田日出刀・田辺泰・太田静六、石造物研究者の川勝政太郎ら美術・建築学系の研究者の名が多く、戦前の十輪院が日本の美術史・建築史でも注目される奈良の古寺の一つとして認識されていたことが知られる。早稲田大学教授を務めていた会津八一は昭和14年（1939）10月16日、同16年（1941）10月6日と2度来訪している。

（服部）

新春初護摩大祈祷

諸法無我　現在の十輪院の存在意義

十輪院住職　橋本昌大

当山の歴史は、元興寺とともに奈良時代まで遡ることが出来、所蔵物も中世以降のものが多く現存しておりますため、歴史、民俗学、考古学、建築、仏教美術など各分野において、十輪院という名称を見聞していただく機会はこれまでにもございました。そこから窺い知れる信仰の形は、私自身、非常に崇高なものとして受け止めております。そして本書の刊行とその元となった当山所蔵物の総合調査を通じて、改めて住職を仰せ付かっていることに恐縮する思いです。

近世の十輪院では、享保年間までは一人の住職を決めず、複数の僧侶と七庵からなる惣寺組織が形成されました。その後七庵が廃絶し、一人の住職を置く体制に転換し、現在の所謂「檀家寺」としての十輪院へと変遷していきます。

私が住職となったご縁も、曾祖父母が十輪院に入寺したことが主観的にも客観的にも大きく関係しているように見えます。世襲の是非についての自問自答や、祖父と父の背中を見ながらの葛藤から私自身を救ってくれたお智慧が、「諸法無我」という仏教で説くこの世の真理の一つでした。

「全てのものごとは、影響を及ぼし合う因果関係によって成り立っていて、他と関係なしに独立して存在するものなどない」と説くものです。今の自分が、複

花まつり

雑な関係性の中で「生かされている」存在であること、そして自分自身も多くの人を「生かしている」存在であることを気付かせてくれます。

お寺に生まれ、お檀家様のお支えによって多くのものを与えられた実感があります。お葬儀に伺えば、祖父や父にお世話になったと仰ってくださるお礼のお言葉とともに、寺の行事を手伝う子供の頃の私の記憶を語ってくださいます。自我を離れ、ただただご縁に身を任せ、感謝と今後の精進を誓う瞬間です。

「あるべき」とは客観的に捉えようとしても、極めて主観的に、かつ固定的に捉えてしまいがちですが、本来は時代ごとにどのようなご縁で何を求められるかによって、流動的に捉えるべきものと考えます。十輪院が大きな変遷を遂げてきたとしても、時代ごとに、必要としてくださるお一人おひとりの不安に寄り添う形が研鑽されてきたことには変わりはないと思います。その「信仰」の形を記録・保存し、智慧の宝庫として将来、繰り返されるかもしれない歴史の各局面で、活用していただけることを切に願うばかりです。

今日、十輪院の門をくぐられる方の9割以上は、ご先祖様や大切な方々のご供養を通じて、ご縁を頂戴した方々であり、当山はこれらの方々によって護持されています。そして有難いことに、これらの方々のご理解とご協力によって、近年、宗教法人の公益性と社会福祉の観点から、多くの方々と新しいご縁を結ばせていただけるようになりました。

地蔵盆

「みんなのお寺　十輪院仏教相談センター」では、お寺にご縁のない方でもお悩みを僧侶にご相談いただけます。僧侶は具体的なアドバイスよりも傾聴に重きを置きますが、お悩みをご自身の言葉でお話しいただけましたら、苦しさの原因を少しだけ明確にしていただけることはしばしばあります。傾聴を重ねるごとに少しずつお話の内容が世間話に変わっていくとき、相談者様の表情は少し明るくなるように感じます。

「十輪院障害者福祉基金」は、奈良県障害福祉課様のご協力のもと、奈良県下の施設に毎年、物品購入等に係る助成を行っています。助成させていただいた施設との継続的な交流も大切にしています。助成させていただいた機材で手作りされたお菓子や手すき和紙のカレンダーなどをお供えくださることもあり、感謝申し上げるばかりです。

「十輪院寺子屋おやつくらぶ」では月2回、近隣の子供たちとお供えのお下がりをおやつとしていただいた後、野菜の収穫体験、シャボン玉遊び、ＤＶＤ鑑賞、カードゲーム、各種工作、境内砂利の中からの宝探しゲームなど、楽しい時間を過ごしています。子供の頃の楽しい記憶は大人になっても忘れません。子供たちが将来何らかの不安を抱え、先人たちのお智慧を求めて再び十輪院に足を運んでくれる日の為に、素晴らしいお智慧を一つでも多く残しておかなければなりません。

また、この活動のきっかけとなった「おてらおやつクラブ」の活動にも積極的に参加し、皆様から頂いたお供えのお下がりを「おすそわけ」として、社会福祉法人、

十輪院寺子屋おやつくらぶ

ＮＰＯ法人、こども食堂等の各種団体様を通じて、経済的に困難な状況にあるご家庭にお届けしています。

多様性や持続可能性が重要なテーマとなってきた今日、私たちには「共に支え合って生きる」ことを通じて、自らは「生かされ」他者を「生かして」いることを、より身近に実感する必要があると思います。地蔵菩薩さまは、お釈迦さまの入滅後、弥勒下生までの五十六億七千万年もの間、衆生の救済を託されました。ゴールが無いとも思えるご修行中の身であられながらも、その微笑みの表情に、これからも多くの人々が、末永く癒され、感謝と慈悲に満ちた時間を過ごしていただけるよう、先人のお智慧を活かし、時代の求めに応じた修行をさせていただけることに、感謝の日々です。

一人でも多くの方の慈悲の心が、必要とされる方に届くよう、その橋渡しとしてのお役目を担えるのであれば、それが現在の十輪院の存在意義の一つであるように思います。

最後に刊行にあたりご尽力・ご協力いただきました全ての方に厚く御礼申し上げます。

願以此功徳　普及於一切　我等與衆生　皆共成佛道

対訳・十輪院縁起

①十輪院縁起（江戸時代前期成立）

（読下し文）＊現代仮名遣いに改めた。

❶南都十輪院は、元興寺の一院なり。弘法大師踰海《ゆかい》已《い》往《おう》、此の地に游止《ゆうし》し、善覚大徳〈世俗に魚養と曰う、墳丘今に洎《およ》んで旧《もと》のごとし〉に従いて、真名の字篇を習いおわんぬ。❷輒《すなわ》ち大師巌《いわお》を畳み、窟《いわや》を造り、その表に自ら石を彫《え》り、地蔵菩薩を中尊と為し、釈迦・弥勒を脇士と為す。❸左右に雲根を立て、貝多《ばいた》の軸巻を表し、梵漢字の題鮮明なり。❹そのほか、石仏の尊体そこばくなり。❺前に灌頂堂あり。❻東に当たって伊勢両神明勧請す。❼これまた石をもって禿倉《ほこら》と成す。❽側《かたわら》に経蔵を構ふ。❾その頭《ほとり》に日々遺蹟影向《ようごう》の池水湛《たた》え、阿字の形を摹《うつ》す。❿真言秘密の霊場と為すに、とき今に距《いた》って八百余暦を経たり。⓫しかるところに去ぬる天正〈乙酉〉前大納言秀長入国の季《とき》、寺領悉《ことごと》く没倒《もっとう》す。⓬茲《これ》によって梵宮破壊《はえ》に臨み、緇徒《しと》飢寒に苦しむ。⓭ここに慶長年中　東照権現様御慈悲を垂れ、田領を寄附し賜う。⓮廼《すなわ》ち御朱印頂戴せしめ、已後台《たい》

（現代語訳）

❶南都十輪院は、元興寺の一院である。弘法大師が唐から帰ってきてから、この地にとどまって、善覚大徳（俗に魚養という。墳丘は今も元のままである）に従って、漢字を習った。❷そこで、弘法大師は、岩を重ねて、岩屋をつくって、その表に自ら石をえぐって、地蔵菩薩を中尊とし、釈迦如来・弥勒菩薩（如来）を脇士の仏とした。❸左右に雲根を立てて貝葉《ばいよう》の経巻を表し、梵字・漢字の題が鮮明である。❹そのほか、石仏の尊体がたくさんある。❺前に灌頂堂がある。❻東に当たって伊勢両神明を勧請している。❼これまた石で禿倉をつくっている。❽その傍らには経蔵を構えている。❾そのほとりに日々弘法大師が自らの遺蹟を訪ね影向するという池の水をたたえ、阿字の形をうつしている。❿こうして真言秘密の霊場となって、今まで八百余年が経った。⓫しかし、去る天正13年（1585）前大納言豊臣秀長が大和国に入国したときに、寺領をことごと

徳院《とくいん》様また鈞命《きんめい》重うして、不易の御印綬《いんじゅ》成し下さるるを、庫中に納む。⓯なお御愍恵《みんけい》を感じ奉り、坤に当たって、新しく一宇の護摩堂を建て、長日力を弾くし、時を速（違）えず八隅《はちぐう》太平・御武運長久・御子孫繁昌を祈り奉るものなり。⓰覬覦《きゆ》納受する所の衆僧、無二の丹精し、⓱天鑑の照見曇り無くして、利生《りしょう》温和の朝日に嚮《む》かうが如くならんのみ。

く没収された。⓬これによって、堂舎は破壊し、僧侶たちは飢えと寒さに苦しんだ。⓭ここに、慶長年間（慶長７年＝１６０２年）に、徳川家康が慈悲心を示し、田地の寺領を寄附なさった。⓮そこで、寺領寄附の御朱印状を頂戴し、已後（元和３年＝１６１７年）、台徳院様（徳川秀忠）の重みのある鈞命《きんめい》（君主の命令）で、不易の御印綬（寺領安堵状）を下されたのを、庫中に納めている。⓯なお御愍恵を感じ奉り、南西の方向に、新しく一宇の護摩堂を建て、毎日力を尽くして、すぐに八隅太平・御武運長久・御子孫繁昌をお祈り申し上げております。⓰恩恵を受けた衆僧たちは、最高の丹精をこめて祈祷をしております。⓱天鑑の照見（正しい道理を見極めること）は曇りがなく、利生（仏・菩薩が衆生を救済すること）が温和の朝日に向かうようなものである。

②平城十輪院縁起　（安永9年（1780）成立）

（原文）＊現代仮名遣いに改めた

平城十輪院縁起

❶むかし欽明天皇の清《す》める世に、初めて仏法東漸《とうぜん》せしより、聖君賢官七大寺を建て、三宝を弘隆したまうこと、南都より盛なるはなし。❷蓋《けだ》し当院は元正天皇の勅願、元興寺の一院、右大臣吉備公の長男朝野の宿祢魚養《ぎょよう》の建立にして道昭禅師、善覚法師法幢を立てし旧跡なり。❸其の後弘法大師石窟を造立し、地蔵菩薩を本尊とし、釈迦如来、弥勒慈尊を左右に安置し、名づけて十輪院といふ。❹灌頂堂、護摩堂、修多羅蔵、洪鐘、門廡《もんぶ》、輪奐《りんかん》として備われり。❺又石像の不動堂あり。此の尊霊験あり。誠心に祈るものは、不祥を除き、寿福を得るなり。❻御影堂の大師は自ら作る所なり。護摩堂不動明王は智証大師の作。この堂にて毎日国家安穏、武運長久のため、護摩を修す。❼側《かたわら》に魚養の古き墳あり。冢上《ちょうじょう》の碑文石ふり苔むして、文字摩滅せり。又愛染王の曼荼羅石、春日社本地曼荼羅石、十一重の石塔幷に鎮守伊勢春日両社の石宝倉《ほこら》あり。悉く皆曠古《こうこ》の品物《ひんぶつ》にて、今時石工の手にあらず。❽経蔵の四壁に

（現代語訳）

平城十輪院縁起

❶昔、欽明天皇の時代に、初めて仏教が伝来してから、天皇や君臣たちは七大寺を建て、三宝（仏・法・僧）を興隆なさったことは、南都より盛んなところはない。❷思うに、当院は、元正天皇の勅願、元興寺の一院、右大臣吉備公の長男朝野宿祢魚養の建立で、道昭禅師、善覚法師が仏教の教えの旗印を立てた旧跡である。❸その後、弘法大師が石窟を造立し、地蔵菩薩を本尊として、釈迦如来、弥勒慈尊を左右に安置して、十輪院と名付けた。❹灌頂堂、護摩堂、経蔵、釣り鐘、門・庇が、広大で立派に備わっていた。❺また石像の不動堂がある。この不動尊は霊験がある。偽りのない心で祈る者は、不吉なことを除き、寿福を得るのである。❻御影堂の弘法大師像は弘法大師が自ら作ったものである。護摩堂の不動明王は智証大師の作である。この堂で毎日、国家安穏と武運長久のために、護摩を修している。❼かたわらには魚養の古い墳がある。塚の上の碑文石は古くなって苔むして、文字が摩滅して

四天王般若十六善神の像あり。伝えいう大師自ら彫刻したまう所なりと。❾池中に龍王石あり。炎旱《えんかん》に雨を祈れば普潤の益を蒙《こうむ》る。❿又本堂石窟の前に引導石あり。むかしは此宗他宗の隔てなく、新亡の棺あるいは身骨その上におき、釈尊慈尊中間の大導師地蔵菩薩に御引摂《いんじょう》を乞い願うなりと。⓫伏しておもんみれば、地蔵大士は久遠《くおん》劫より広大の慈願を発し、一切衆生を度《ど》したまう。⓬ことに如来いませし日、忉利天《とうりてん》において、金色の御手をのべ、地蔵の頂を磨でて曰わく、「汝か神力慈悲不可思議なり。吾れ三たび仏にもうして、慇懃《いんぎん》の仏勅を受けたまう。是の故に自受法楽の都を出で、六道の衢《ちまた》に遊び悪業《あくごう》の衆生を済度したまう。劫石《ごうじゃく》は消ずることありとも、願海は尽くる事なし。或は無間《むけん》諸々の衆生を汝に附属す。一日一夜も悪趣に堕《だ》すことなかれ」と。時に地蔵菩薩、「世尊後世悪業の衆生を慮《おもんぱか》りたまうことなかれ」と地獄の極苦、八寒八熱の罪苦をも大悲苦に代わりたまう。金口の誠説、誰人か疑わんや。

いる。又愛染王の曼荼羅石・春日社本地曼荼羅石・十一重の石塔と鎮守伊勢春日両社の石の祠がある。全部みな他に例のない物で、最近の石工によって作られたものではない。❽経蔵の四壁には四天王・般若十六善神の像がある。伝えいうには、弘法大師が自ら彫刻なさったものだという。❾池中には龍王石がある。日照りのときに、雨を祈れば、あまねく大地を潤す利益を受けることができる。❿また、本堂の石窟の前には引導石がある。昔は真言宗・他宗の隔てなく、新亡の棺、あるいは身骨をその上に置いて、釈迦・弥勒、中間の大導師地蔵菩薩にご引摂を願うのである。⓫伏していろいろと思いをめぐらすと、地蔵菩薩はきわめて遠い過去より広大の慈願をおこして、一切衆生をお救いなさる。⓬特に釈迦如来がいらっしゃった日、忉利天（帝釈天が住む須弥山の頂）で、金色の御手をさしのべ、地蔵菩薩の頂をなでていうには、「あなたの神力の慈悲は不可思議である。私は、諸々の衆生をあなたに託す。一日一夜たりとも地獄に堕としてはいけない」と。時に地蔵菩薩、「お釈迦さまよ、後の世に悪い行いをした衆生をあなたは気にとめなさる必要はあり

⓭然れば則ち一度此の寺に詣でて、二世の願念を祈請する者は、現世にハ災いをはらい、寿福をまし、未来ハ必す一仏浄土に往生せん。況《いわ》んや、真言瑜伽の道場、尽心に曼荼羅石等を瞻礼《せんらい》する輩は、五逆重罪一時に消滅すべし。⓮猶又《なおまた》三密の観行、悉地成満《しつじじょうまん》するときは、高祖大師の如く光明十方に耀き、即身成仏せんこと、なんぞ其れ難しとせんや。

⓯時
安永九年庚子《かのえのね》歳初冬上浣《じょうかん》
　霊松山蘇伝瑜伽乗沙門真観光鏡謹識
［朱角印①「真観」］［朱角印②「光鏡之印」］［朱角印③「帯解寺」］

⓰奥贅《おくぜい》
当十輪院は、万古の霊蹤《れいしょう》、弘法大師遺法の道場なり。⓱東照権現特に五十石御朱印を賜ひ、国家安穏、武運長久を祈らしむ。⓲是の故に住侶《じゅうりょ》密供を勤修《ごんしゅ》し、護摩を観行し、国恩を報じ奉り、晨夕《あしたゆうべ》読経誦呪《じゅじゅ》して、法界に廻向《えこう》す。⓳是則ち恒例の作業なり、乞う懈怠《けたい》な

ません（私にお任せください）」と三たび釈迦如来に申して、ねんごろな仏勅をお受けになった。このため、自らの悟りの内容を深く味わい楽しむ都を出て、六道の衢《ちまた》を訪れ、悪い行いをした衆生をお救いなさる。深く大きな願いは尽きることがない。あるいは無間地獄の苦しみ、八寒八熱の苦しみも、菩薩の憐みが苦にお代りになる。立派なお言葉を誰がお疑いになるだろう。
⓭したがって一度この寺に詣でて、現世来世の願念をお祈りする者は、現世には災いをはらい、寿福を増し、未来は必ず仏の住む浄土に往生するだろう。まして、真言瑜伽の道場、心を尽くして曼荼羅石などを礼拝する者は、五逆重罪が一時に消滅するだろう。⓮なお、また密教修法によって仏と行者と衆生の身体と言葉と心が合一して即身成仏するときは、高祖大師のように光明が十方に耀いて、即身成仏しようとすることが、どうして難しいことととされよう。

⓯時に
安永九年（１７８０）庚子歳十月上旬
霊松山（帯解寺）蘇伝瑜伽乗沙門真観光鏡謹しんでし

くこれを勉めよや。⓴僧となりて、世に衒《てら》い、尾を揺《うごか》して憐れみを得る事なかれ。

るす

⓰奥賛

この十輪院は、遠い昔からの霊場、弘法大師の教えが引き継がれている道場である。⓱東照権現は特に50石の御朱印（寺領）をお与えになり、国家安穏、武運長久を祈らせた。⓲そのため、寺僧は密教行法を勤修し、護摩を観行し、国恩に報い申し上げる。朝夕、読経・誦呪して、法界に廻向する。⓳これは恒例の作法である。怠りなくこれを勤めることを願うものである。⓴僧となって、世俗にてらい、尾を揺らして憐れみを得ようとしてはいけない。

十輪院年表

（8世紀初頭）	元正天皇の勅願で元興寺の一院として善覚大徳が十輪院を開創するという（16ページ）。
天平宝字2年（758）	元興寺沙門善覚、薬師寺沙門善牢と『増壱阿含経』の勘経をする（21・22ページ）。
延暦6年（787）	魚養、外従五位下に叙され、翌年播磨大掾・典薬頭に任じられる（『続日本紀』）。
延暦10年（791）	魚養、忍海原連から朝野宿祢に改姓する（23ページ）。
（9世紀初め頃）	空海が止住して石仏を造るという（17ページ）。
（平安時代後期）	この頃、不動明王および二童子立像が造立される（36ページ）。
（12世紀後半頃）	この頃制作の常滑焼大甕が蔵骨器として十輪院境内に埋納される（32ページ）。
（鎌倉時代前期頃）	本堂、南門、宝蔵、地蔵石仏龕、興福寺曼荼羅石、魚養塚などが造立される（33ページほか）。
弘安6年（1283）	矢田寺、知足院、福智院とともに「十輪院ノ地蔵」が地蔵の霊場として見える（38ページ）。
元徳3年（1331）	元興寺が買得した屋敷地の在所に「元興寺東郷十輪院之間」とみえる（39ページ）。
康正3年（1457）	夜前、十輪院の小家が炎上する（『大乗院寺社雑事記』）。
	竜花院八角堂不断念仏に第2番として「十輪院」が出仕する（『大乗院寺社雑事記』）。
寛正2年（1461）	大乗院尋尊、十輪院に参詣する（『大乗院寺社雑事記』）。この頃、同様の記事が散見する。
文明2年（1470）	一条兼良、十輪院に参詣し、空海制作の石仏等を見る（『大乗院寺社雑事記』）。
文明15年（1483）	十輪院で久世舞が興行される（『大乗院寺社雑事記』）。
文明16年（1484）	夜前、十輪院のうち小屋が2、3軒焼失する（『大乗院寺社雑事記』）。
延徳4年（1492）	「十輪院」堂内の在家の者が興福寺の僧坊・院家で仏具以下を盗む（『大乗院寺社雑事記』）。
明応7年（1498）	十輪院のうち小屋が焼失する（『大乗院寺社雑事記』）。
永禄元年（1558）	真言八祖像が「南都十輪院常什」として具えられる（72ページ）。
（永禄～天正）	兵士・悪徒の乱暴のために経蔵の古経・古書が散逸するという（『奈良坊目拙解』）。

天正15年（1587）	大和国主となった豊臣秀長により寺領を没収されるという（16ページ）。
（16世紀後半）	この頃、御影堂の前身建造物が焼かれる（78ページ）。
文禄2年（1593）	「十輪院」で北庵法印母三十三回忌の曼荼羅供が修せられる（『多聞院日記』）。
慶長7年（1602）	徳川家康、十輪院に寺領50石を与える（96ページ）。
	十輪院領検地帳が作成される（118ページ）。
慶長8年（1603）	十輪院礼堂を修理する（本堂正面切目長押墨書）。
慶長18年（1613）	十輪院で「当寺御影供衆」が地蔵堂本堂を再興する（97ページ）。
	十輪院で理源大師像が造立される（126ページ）。
元和2年（1616）	十輪院で五壇護摩供が修される（99・100ページ）。
元和4年（1618）	十輪院焼ける（『多聞院日記』）。
元和6年（1620）	十輪院など13ヶ寺が集会し、福智院で連判する（『庁中漫録』）。
元和10年（1624）	十輪院で涅槃像箱が制作される（『奈良市絵画報告書』）。
寛永9年（1632）	十輪院、本寺興福寺に朱印寺領を報告する（春日大社文書）。
（17世紀半ば）	醍醐寺報恩院末寺帳に「十輪院」がみえる（醍醐寺文書）。
寛永20年（1643）	南都瓦竈生哲、『地蔵講式』を書写する（107ページ）。
慶安3年（1650）	十輪院で東寺林町の薄屋久兵衛を施主として御影堂が建立される（129ページ）。
	弘法大師坐像が造立される（130ページ）。
慶安5年（1652）	「南都十輪院之賢勝」を願主として地蔵菩薩像が修理される（105ページ）。
寛文2年（1662）	伝法灌頂秘蜜御道具が寛済より下される（132ページ）。
寛文9年（1669）	十輪院寺中、十輪院町北側の家屋敷を又兵衛より買得する（113ページ）。
寛文10年（1670）	両界曼荼羅図が制作される。
寛文11年（1671）	十輪院惣中、十輪院町辻子の家屋敷を東左衛門より買得する（十輪院文書）。

寛文12年（1672）　五劫思惟阿弥陀如来坐像が造立される（45ページ）。

法寿庵賢尊生哲、『大乗大集地蔵十輪経』を書写する（109ページ）。

延宝4年（1676）　十輪院春善、十輪院町北側の家屋敷を町中より買得する（十輪院文書）。

延宝8年（1680）　瓦竈法寿庵賢尊生哲、『地蔵講式』を書写する（106ページ）。

延宝9年（1681）　瓦竈法寿庵賢尊生哲、『地蔵菩薩本願経』を書写する（108ページ）。

天和4年（1684）　興福寺の末寺書上げに十輪院がみえる（春日大社文書）。

貞享2年（1685）　瓦竈法寿庵生哲を施主として十輪院御影堂の柿葺き屋根が瓦葺きに改められる（128ページ）。

宝永7年（1710）　井戸屋理右衛門正弘、十六羅漢像を寄附する（158ページ）。

正徳5年（1715）　高雄地蔵院孝鑁菩提のために、地蔵菩薩像が寄附される（『奈良市絵画報告書』1118ページ）。

（享保年間）　法性、法幢、実相、法寿、真如、円通、唯心の7庵が退転する（148ページ）。

享保6年（1721）　報恩院末寺十輪院生真、寺領朱印地書上げを京都奉行所に提出する（十輪院文書）。

宝暦9年（1759）　帯解寺で伝法灌頂が行われ、十輪院生覚が参加する（150ページ）。

明和2年（1765）　覆堂が修復される（合の間発見板の間墨書）。

安永9年（1780）　大江中務卿元慶、魚養塚碑文を採拓する（86ページ）。

帯解寺地蔵院光鏡、平城十輪院縁起を誌す（17ページ）。

安永10年（1781）　十輪院略記が開版される。

天明7年（1787）　前帯解寺光鏡、星曼荼羅図を亮照阿闍梨の求めにより書写する。

寛政4年（1792）　「旧記写」が作成される（十輪院聖教）。

寛政7年（1795）　生賢、雨宝童子像を修復し開眼供養を行う（154ページ）。

寛政9年（1797）　13ヶ寺連名にて年預の規定を取り決める（120ページ）。

高天市町秋田屋利助夫婦を施主として尊勝曼荼羅図を修復する（155ページ）。

生賢、高天市町秋田屋利助を施主として弁財天十五童子像の開眼供養を行う。

寛政12年（1800）	生賢、『大般若経』600巻を具経する（156ページ）。
文化2年（1805）	生賢、松平定信に額字を請い下される（十輪院文書）。
	「南京洛中洛外弘法大師八十八ヶ所順拝図」が開版される（143ページ）。
	十輪院主生賢、表門冠木を修補する。
文化4年（1807）	御影堂の屋根葺き替え・「御拝所絵様荘厳」新造がなされる。
文政4年（1821）	諸堂門内等悉石を新調する。
文政7年（1824）	生識、寛済律師像を修補する（131ページ）。
弘化2年（1845）	報恩院門跡淳心、寛済律師像に点眼の法を修す（131ページ）。
嘉永3年（1850）	山田理左衛門晴延、釈妙誓菩提のため十六羅漢像を修補する（158ページ）。
安政6年（1859）	生嶋氏を施主として弘法大師尊像畳座を修補する（130ページ）。
明治5年（1872）	十輪院勝丸多年病気により、快助が十輪院住持に任じられる（十輪院文書）。
	十輪院住持・大阿闍梨上人快助が入寂する。
	十輪院住職梅澤識運、華厳宗元興寺末寺の西光院住職を兼務する（華厳宗元興寺文書）。
明治25年（1892）	住職梅澤識運が入寂する。
昭和8年（1933）	住職中村秀栄が入寂する。
昭和24年（1949）	住職橋本渓聲が入寂する。阿弥陀院の橋本（小城）純道、十輪院に晋山する。
昭和27年（1952）	本堂・南門・地蔵石仏龕の解体修理が行われる（昭和30年度まで）（165ページ）。
平成8年（1996）	橋本純信が入山する。
令和元年（2019）	住職橋本純信が退山する。橋本昌大が入山する。

主要参考文献

（十輪院関係）

『南都十輪院』（南都十輪院）

『大和古寺大観』第3巻（岩波書店、１９７７年）

元興寺文化財研究所『南都十輪院所蔵文化財総合調査報告書』（十輪院、２０２１年）

岸熊吉「十輪院石仏龕に就いて」（『建築雑誌』４９３号、１９２８年）

奈良県教育委員会文化財保存課編『十輪院本堂及び南門修理工事報告書』（１９５６年）

西山要一「奈良市十輪院出土の常滑焼大甕」（『古代研究』24、１９８２年）

服部光真・三宅徹誠「中・近世南都十輪院の歴史的展開と信仰の諸相」（『元興寺文化財研究所研究報告２０１５』、２０１６年）

文化財保護委員会『重要文化財旧十輪院宝蔵修理工事報告書』（１９６４年）

（奈良町関係）

大宮守友『近世の畿内と奈良奉行』（清文堂出版、２００９年）

元興寺・元興寺文化財研究所編『図説　元興寺の歴史と文化財』（吉川弘文館、２０２０年）

佐藤亜聖『寺院を中心とした中世都市形成に関する基礎的研究』（２００６年）

佐藤亜聖「考古学からみた中世都市奈良における葬送空間の変遷」『元興寺文化財研究所創立40周年記念論文集』（元興寺文化財研究所、２００７年）

奈良市史編集審議会編『奈良市史　社寺編』（奈良市、１９８５年）

奈良市史編集審議会編『奈良市史　通史3』（奈良市、１９８８年）

幡鎌一弘「都市奈良の近世」（中世都市研究会編『「宗教都市」奈良を考える』山川出版社、２０１７年）

（美術・石造物関係）

「特輯　宿院仏師」（『国華』１４７６号、２０１８年）

太田古朴『大和の石仏鑑賞』（綜芸社、１９７６年）

神田雅章「宿院仏師から北室仏師・下御門仏師へ―中世末・近世初頭の奈良仏師の一動向―」（『佛教藝術』２９２号、２００７年）

清水俊明『奈良県史七　石造美術』（名著出版、１９８４年）

高橋平明「下御門大仏師をめぐって」『元興寺文化財研究所創立40周年記念論文集』（元興寺文化財研究所、２００７年）

奈良市教育委員会編『奈良市の絵画　奈良市絵画調査報告書』（１９９５年）

奈良市教育委員会編『奈良市の仏像　奈良市彫刻調査報告書』（１９８７年）

西村貞『奈良の石仏』（全国書房、１９３３年）

山本勉「宗貞と宗印 ―近世初頭の奈良仏師に関するおぼえがき―」（『MUSEUM』４０７号、１９８５年）

協力者一覧

（個人）

石田　淳　石田太一　池田富貴子　市田進一

岩坂七雄　卜部行弘　大宮守人　大森俊貫

岡本元興　沖松健次郎　河上邦彦　倉本堯慧

久保清子　桑原文子　狭川真一　佐藤亜聖

尋川良俊　多川文彦　田畑祐弘　藤澤典彦

松川綾子　松田憲子　右島和夫　森田康友

森谷英俊

（機関）

飛鳥園　円成寺　帯解寺　興善寺

東京国立博物館　唐招提寺

奈良県文化財保存課　奈良県立橿原考古学研究所

奈良県立図書情報館　奈良県立美術館

奈良国立博物館　奈良市教育委員会

法相宗大本山興福寺

執筆者

植村拓哉　元興寺文化財研究所研究員

酒井雅規　元興寺文化財研究所嘱託研究員

坂本　俊　元興寺文化財研究所研究員

服部光真　元興寺文化財研究所研究員

三宅徹誠　元興寺文化財研究所嘱託研究員

村田裕介　元興寺文化財研究所研究員

橋本昌大　十輪院住職

制作担当

加藤なほ　京阪奈情報教育出版株式会社編集長

ならまちの地蔵霊場
十輪院の歴史と信仰

2021年10月23日 初版 第1刷発行

編　集　十輪院・元興寺文化財研究所
発　行　京阪奈情報教育出版
〒630-8325 奈良市西木辻町139番地の6
Tel：0742-94-4567
URL：http://www.narahon.com/

印刷・製本　共同プリント株式会社

ISBN978-4-87806-606-1